R.E.I. Editions

Tutti i nostri ebook possono essere letti sui seguenti dispositivi:
- Computer
- eReader
- iOS
- Android
- Blackberry
- Windows
- Tablet
- Cellulare

François Arnauld

Numerologia

Significato dei numeri e loro interpretazione

ISBN: 9782372970129

Pubblicazione: settembre 2014
Nuova edizione aggiornata: ottobre 2022
Nuova edizione interamente riveduta e aggiornata: febbraio 2026
Copyright © 2014 - 2026 R.E.I. Editions
www.rei-editions.com

François Arnauld

Numerologia

Significato dei numeri e loro interpretazione

R.E.I. Editions

Indice

La Numerologia 9

    La Numerologia Pitagorica 14

I Numeri Maestri 21

    Il Numero Maestro 11 24

    Il Numero Maestro 22 27

    Il Numero Maestro 33 30

I Numeri Karmici 32

    Il Numero Karmico 13 35

    Il Numero Karmico 14 41

    Il Numero Karmico 16 42

    Il Numero Karmico 19 43

I Numeri Ombra 44

La data di nascita 47

Il Sentiero di Nascita 51

Il Numero dell'Anima 55

Il Numero della Persona 61

Il numero dell'Io 67

Il Numero della Quintessenza 77

- I Cicli di Vita 83
  - I Cicli della realizzazione 86
    - I Culmini 87
    - Le Sfide 90
- I Numeri Personali 92
  - Il Numero personale dell'anno 93
  - Il Numero personale del mese 98
  - Il Numero personale del giorno 102
- Il Numero Fortunato 106
- La Data Fortunata 109
- La lettera iniziale del nome 113
- Il Giorno di Nascita 123
- Il Numero 1 134
- Il Numero 2 138
- Il Numero 3 142
- Il Numero 4 145
- Il Numero 5 149
- Il Numero 6 153
- Il Numero 7 157
- Il Numero 8 160
- Il Numero 9 163

Il Numero 10.. 167

Il Numero 12.. 171

Il Numero 17.. 174

Il Numero 18.. 176

Il Numero 21.. 178

La Numerologia

La Numerologia è una scienza antichissima attraverso la quale non si prevede il futuro, ma è in relazione con la personalità di ognuno di noi; essa viene usata per definire noi stessi con le nostre molteplici personalità, il posto che ci troviamo a occupare a livello generale, professionale e sentimentale.

E' considerata una delle tecniche analitiche più antiche del mondo, più di due millenni e mezzo fa i sacerdoti egizi e babilonesi la usavano come metodo per conoscere il prossimo e per la comprensione della psicologia umana.

Buona parte della conoscenza numerologica, viene attribuita anche al maestro-filosofo Pitagora, il quale si racconta, prima di accettare un allievo nella sua scuola, lo esaminava in base al nome e alla data di nascita. Infatti, le componenti caratteriali di ogni persona, si traggono assegnando a ogni lettera del nome e del cognome il suo numero corrispondente.

Le origini della Numerologia ufficiale risalgono a Pitagora, filosofo e matematico greco, nato nel 570 A.C. Tuttavia la Numerologia fu considerata una scienza sacra fin dagli albori delle civiltà; si trovano tracce presso diversi popoli antichi, quali. Egiziani, Ebrei, Greci, Cinesi e Indiani.

Nelle mani dei capi tribù e degli sciamani di migliaia di anni fa, i numeri costituivano di fatto uno strumento di potere, di cui solo pochi eletti ne conoscevano i segreti più reconditi.

E così, al pari delle altrettanto preziose tecniche di guarigione, la loro conoscenza divenne monopolio dei più potenti e intraprendenti membri del clan.

Tuttavia, il linguaggio era agli albori e si rivelò di grande aiuto il disegno che permetteva di superare immediatamente l'enorme difficoltà di comunicare foneticamente, quando l'espressione linguistica non riusciva ancora a soddisfare le esigenze del caso.

Vennero così codificati diversi segni/simboli ricorrenti, il cui significato mutò con il passare del tempo. L'uso e l'interpretazione di questi segni assunse un aspetto quasi mistico che andava ben oltre il loro puro e semplice valore numerico.
L'eredità dei Sumeri che, verso il 3000 a.c., idearono il sistema sessagesimale per il computo delle ore, minuti e secondi, venne raccolta prima dai Babilonesi e successivamente, nel VI° sec. a.C., da Pitagora, che aveva incrementato il suo sapere presso i sacerdoti dell'antico Egitto.
Con la sua scuola Pitagora giunse all'unità interpretativa sull'argomento, andando oltre quelli che potevano essere l'ordinamento sociale e le diverse religioni del periodo.

- Più particolarmente, secondo il suo pensiero, i numeri costituiscono l'essenza stessa delle cose e tutto può essere ridotto ad un'espressione numerica.

Si credeva che ciascun numero fosse dotato di un potere "misterioso" in relazione al sole e agli altri pianeti, un potere capace di influenzare, analogamente ai corpi celesti, il carattere e addirittura il destino degli individui. Enorme fu l'impatto culturale della filosofia pitagorica nei confronti dei sommi pensatori e di pochi sapienti, fra cui i cosiddetti padri della Chiesa cattolica, Sant'Agostino in particolare, e, più tardi, personaggi come Dante, e Cartesio.
Anche gli Ebrei diedero il loro prezioso contributo alla conoscenza del significato dei numeri: è grazie a loro, in particolare ai loro studi della Cabala, che una buona parte della storia e della tradizione numerologica è giunta sino a noi.
All'inizio del XX secolo la Numerologia tornò in auge nel mondo anglosassone e riscontrò un grande successo soprattutto negli Stati Uniti, dove uomini politici, divi del cinema e famosi manager la utilizzano abitualmente per una migliore comprensione dei vari accadimenti e per scoprire cosa riservasse il loro il futuro.

La Numerologia è quindi la disciplina che studia il significato dei numeri, la quale disegna in modo ben preciso lo stretto legame che la vita dell'essere umano (microcosmo) ha con la vita dell'Universo (macrocosmo). Si può quindi affermare che la Numerologia ci aiuta a collegare il mondo invisibile con quello visibile.

Questo studio si basa sulla tradizione secondo la quale il nostro nome, il giorno, il mese e l'anno della nostra nascita, siano il mezzo più semplice e immediato per conoscersi nel profondo e arrivare quindi a comprendere le caratteristiche che identificano la nostra personalità, il motivo dei nostri comportamenti, nonché le nostre possibili aspirazioni e inclinazioni, aumentando, così il grado di consapevolezza. In altre parole, la numerologia può aiutarci a vivere la nostra vita in modo più cosciente e sereno.

- I numerologi affermano che tutto, anche ciò che è astratto, possa essere ridotto a un'unità numerica, dando poi uno specifico significato a ognuna di essa.

In Numerologia si prendono in considerazione i numeri base, dall'1 al 9, e i numeri dominanti 11, 22 e 33, detti "Numeri Mastri", che hanno una rilevante importanza perché trascendono il mondo dei nove numeri base e amplificano le caratteristiche dei numeri che si ottengono dalla loro riduzione (2, 4 e 6). Secondo la numerologia, la scelta del nome di un nascituro rappresenta un momento determinante della sua vita; infatti, imponendogli un nome, gli si conferisce tutta una serie di caratteristiche espresse dal significato e dall'essenza del nome stesso, nome che esprime principalmente il suo carattere e, secondo gli orientali, il suo karma.

Senza contare che l'insieme delle lettere che lo costituiscono ha un suono, una vibrazione, che, analogamente ai "mantra" o ai comandi ipnotici, nasconde una tremenda forza che si manifesta ogniqualvolta ci si presenta. Nel nome è contenuta l'essenza di una persona: per chi studia questa materia vi si possono rintracciare le caratteristiche psicologiche, il suo atteggiamento nei confronti del prossimo, il suo modo di agire e perfino le predisposizioni relative al suo destino. Conseguentemente chiamare una persona per nome è un'operazione comune ma molto importante, perché quando lo facciamo in realtà la riconosciamo in quanto tale e riconfermiamo una volta di più la sua esistenza.

La numerologia, pur riconoscendo l'esistenza del libero arbitrio, ci consente di essere coscienti dei condizionamenti ai quali dobbiamo sottostare, per riuscire, possibilmente, a liberarcene e rappresenta un prezioso strumento di consapevolezza che ci insegna ad affrontare gli ostacoli, man mano che ci si presentano. Inoltre, con la Numerologia, possiamo conoscere le ombre del nostro carattere, ossia gli ostacoli; il primo si crea nell'infanzia, per creare poi quello della maturità, i quali portano l'ombra (ostacolo) principale. Conoscere i lati bui è di fondamentale importanza, in quanto agendo a livello inconscio, potrebbero inibire la spontaneità dettata dai restanti archetipi.

- I numeri da 1 a 9 (numeri base) svelano il mistero della personalità, mentre i numeri della data di nascita fanno conoscere cosa detta il nostro destino.
- Invece i numeri maestri 11 - 22 - 33 rivelano una superiorità difficile da sostenere costantemente, pertanto nella maggioranza delle persone, quando tale forte energia non viene più sostenuta, ricadono nella valenza dettata dal numero semplice.

Ricordiamo che i numeri vanno sempre letti tenendo presente non solo il singolo significato, ma vanno interpretati in una lettura più ampia che contempli anche gli altri indici del tema personale.

Cominciamo a fornire una primo semplice elenco delle caratteristiche personali associate a ogni numero.

- Numero 1 - Spirito di iniziativa, intraprendenza, capacità di comando, leadership, indipendenza, caparbietà, individualismo.
- Numero 2 - Collaborativo, adattabilità, rispetto degli altri, gioco di squadra, mediazione, diplomazia.
- Numero 3 - Affascinante, estroverso, sociale, artista, allegro, creativo e ottimista.
- Numero 4 - Solido, ordinato, responsabile, in continuo miglioramento, amante delle sfide.
- Numero 5 - Espansivo, visionario, avventuroso, libertario.
- Numero 6 - Responsabile, protettivo, premuroso, senso civico, equilibrato, simpatico.
- Numero 7 - Analitico, comprensivo, curioso, consapevole, studioso, meditativo.
- Numero 8 - Pratico, concreto, ambizioso, materialista.
- Numero 9 - Solidale, ecologista, altruista, senso del dovere, creativo.

La Numerologia Pitagorica

Pitagora ha diffuso il Segreto dei Numeri in Occidente, mentre in Oriente il compito è stato svolto da Lao Tzu, con la sua Cosmogonia Taoista della manifestazione dell'essere attraverso i regni "numerici" dell'esistenza:
- Il Tao produsse l'Uno.
- L'Uno produsse il Due.
- Il Due produsse il Tre.
- Il Tre dette vita a tutti gli esseri.

A Pitagora si attribuisce anche la diffusione di un sistema di notazione musicale nel quale i suoni erano rappresentati da simboli numerici. In seguito Aristotele (384-322 a.C.) modellò la "metafisica" dei Numeri, valutando che i concetti matematici erano più facili da regolare e classificare rispetto quelli fisici e ipotizzando che tutti i numeri derivassero dall'Uno e dalla sua moltiplicazione:
"La diade genera l'indeterminazione, ovvero se c'è della materia alla quale dare una forma, la forma stessa determina che essa sia nei suoi limiti né più grande né più piccola di ciò che è, quindi piccolo e grande sono una coppia di concetti simmetrici e polari."
Quindi si ipotizzano non più due principi ma un principio bipolare, in sintonia con il pensiero diffuso da Lao Tzu.
I pitagorici assegnarono ai numeri particolari proprietà.
- Il Numero 1 era considerato il progenitore di tutti i numeri e caratterizzava la ragione. Geometricamente, il numero 1 era rappresentato dal punto, a sua volta considerato il progenitore di tutte le dimensioni dello spazio.
- Il Numero 2 era il primo numero femminile, e anche il numero dell'opinione e della divisione. Geometricamente,

il numero 2 era rappresentato dalla linea, determinata da 2 punti, che ha una dimensione.
- Il Numero 3 era considerato il primo vero numero maschile, e anche il numero dell'armonia, combinando l'unità, il numero 1, e la divisione, il numero 2. Per i pitagorici, l'espressione geometrica del 3 era il triangolo, determinato da 3 punti non giacenti su una retta, ed esteso in due dimensioni.
- Il Numero 4 rappresentava la giustizia e l'ordine.

Geometricamente, quattro punti che non giacciono sullo stesso piano formano un tetraedro, una piramide con quattro facce triangolari, il cui volume si estende nelle 3 dimensioni.

Uno status speciale agli occhi dei pitagorici, veniva conferito al numero 4, in quanto strettamente connesso al numero 10, che rappresenterebbe il tutto.

Infatti, il numero 10 sarebbe il risultato della somma di 1+2+3+4 (somma teosofica) poiché riunisce i numeri che rappresentano:
- L'unicità
- La polarità
- L'armonia
- La realtà spaziale e materiale

che Pitagora definì "Tetraktis", cioè un triangolo equilatero a base quattro, ritenuto sacro perché comprendente il tutto.

La Tetraktys aveva un carattere sacro e i pitagorici giuravano su di essa. Altre forme di tetraktys furono proposte nell'antichità, in particolare quella a base 8 la cui somma teosofica corrisponde a 36, e a sua volta quella a base 36 la cui somma teosofica è 666.

La formula della somma teosofica è:

$$S(n) = n * (n + 1) / 2$$

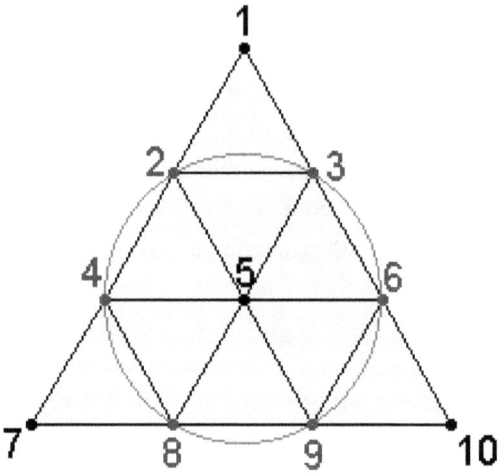

A ogni livello della tetraktys corrisponde uno dei quattro elementi:

- 1° livello. Il punto superiore: l'Unità fondamentale, la compiutezza, la totalità, il Fuoco.
- 2° livello. I due punti: la dualità, gli opposti complementari, il femminile e il maschile, l'Aria.
- 3° livello. I tre punti: la misura dello spazio e del tempo, la dinamica della vita, la creazione, l'Acqua.
- 4° livello. I quattro punti: la materialità, gli elementi strutturali, la Terra.

A sua volta il numero 10 rimanda all'Unità poiché:

$$10 = 1 + 0 = 1$$

secondo il metodo della riduzione teosofica.
Inoltre:

- Nella decade sono contenuti egualmente il pari (quattro pari: 2, 4, 6, 8) e il dispari (quattro dispari: 3, 5, 7, 9), senza che predomini una parte.
- Risultano uguali i numeri primi e non composti (2, 3, 5, 7) e i numeri secondi e composti (4, 6, 8, 9).
- Possiede uguali i multipli e sottomultipli: infatti, ha tre sottomultipli fino al cinque (2, 3, 5) e tre multipli di questi, da sei a dieci (6, 8, 9).
- Infine, nel dieci ci sono tutti i rapporti numerici, quello dell'uguale, del meno-più e di tutti i tipi di numero, i numeri lineari, i quadrati, i cubi. Infatti, l'uno equivale al punto, il due alla linea, il tre al triangolo, il quattro alla piramide.

I Greci si servivano di "yefoi", ossia di pietruzze mediante le quali i vari numeri erano rappresentati visivamente. Con questi numeri figurati è possibile costruire serie, per esempio quella dei numeri quadrati. Infatti, partendo dal primo numero quadrato, 4 (2×2), essenza della giustizia, raffigurato con quattro punti applicando lo gnomone, ossia una specie di squadra, si può ottenere il numero quadrato successivo 9 (3×3), anch'esso essenza della giustizia; in questo modo poi 16, il quadrato di quattro e così via con i numeri successivi.

Concetto differente rispetto alla somma teosofica è la "riduzione teosofica", che consiste nella riduzione iterativa del risultato della somma delle singole cifre di un numero alla sua radice numerica.

Ad esempio, la riduzione teosofica di 4.722 è 6:

$$R(n) = 4 + 7 + 2 + 2 = 15 = 1 + 5 = 6$$

Quindi, tutti i numeri, tramite la riduzione teosofica, possono essere ricondotti a una singola cifra compresa tra 1 e 9, le quali a

loro volta, dopo ulteriore somma e riduzione, giungono a produrre unicamente le tre triplicità:
- 1 - 3 - 6
- 1 - 6 - 3
- 1 - 9 - 9

Da tale sequenza, denominata enneade, si è desunto che ogni aspetto o fenomeno della realtà potesse essere ricompreso entro questi nove numeri; una tale enneade si ripete, infatti, costantemente invariata dal 10 al 18 (teosoficamente ridotti), dal 19 al 27, dal 28 al 36, e così via.
- Da notare che i Pitagorici non conoscevano lo zero ed è anche facile capire il perché: con le pietruzze è impossibile rappresentarlo.

Questo fatto contribuisce a conferire all'Uno uno statuto particolare: è un'entità indivisibile, rispetto alla quale nulla è antecedente.
Più che un numero come gli altri, l'Uno è la sorgente da cui nascono tutti gli altri numeri: questi, a loro volta, si suddividono in pari e dispari, che i Pitagorici identificavano con l'illimitato e il limite.
- L'Uno veniva chiamato parimpari, in quanto aggiunto a un dispari genera un pari e aggiunto a un pari genera un dispari: ciò significa che l'uno deve contenere in sé sia il pari sia il dispari.

Il dispari, a sua volta, diviso in due lascia sempre come resto un'unità che permane come limite, mentre ciò non avviene nel caso del pari, che è pertanto identificato con l'illimitato, l'infinito, che con i Pitagorici diventa un concetto fortemente negativo e così sarà per tantissimo tempo.

- Mediante il calcolo con i sassolini, i Pitagorici dimostrano visivamente alcune proprietà relative a queste classi di numeri, ad esempio, che pari più pari risulti pari, che dispari più dispari risulti pari e così via.

Di grande simpatia godeva anche il 10, che rappresentava tutti gli altri insieme: inoltre, esso era una sorta di compendio dell'intero universo ed è rappresentabile, come abbiamo visto, sotto la forma chiamata Tetraktis (letteralmente significa "gruppo di quattro").

- È la conoscenza di questo complesso universo di relazioni tra numeri e cose che costituiva per i Pitagorici il vertice dell'apprendimento.

Tra i numeri esistono "logoi", ossia rapporti e tra i rapporti è possibile rintracciare una proporzione (in greco analogia), ossia uguaglianze di rapporti. I rapporti e le proporzioni si manifestano soprattutto nell'ambito musicale, dove è centrale la nozione di armonia: poiché anche i corpi celesti compiono con i loro movimenti percorsi regolari, esprimibili numericamente, i Pitagorici sono giunti a sostenere l'esistenza di un'armonia delle sfere celesti, non afferrabile dall'occhio umano.

Il Cosmo (in greco "kosmos" significa ordine) dei Pitagorici è costituito, infatti, da un fuoco centrale, paragonato al focolare di una casa, intorno al quale ruotano la Terra, la Luna, il Sole, i cinque pianeti allora conosciuti, e il cosiddetto cielo delle Stelle fisse.

Forse, per contemplare la serie fino a raggiungere il 10, i Pitagorici hanno aggiunto anche l'Antiterra, situata tra il fuoco centrale e la Terra.

- L'aspetto più interessante della cosmologia pitagorica è che, per la prima volta nella storia, la Terra non viene vista come centro dell'Universo.

Ma numero e proporzione dominano non solo su questa scala cosmica, ma anche all'interno del mondo umano. Essi sono, all'occhio dei Pitagorici, lo strumento fondamentale per far cessare la discordia tra gli uomini e instaurare l'armonia tra essi, nei loro rapporti economici e politici, attribuendo a ciascuno secondo la proporzione geometrica ciò che gli è dovuto in rapporto al suo valore e non a tutti lo stesso.
Risalta anche qui l'orientamento aristocratico dei Pitagorici, contro i quali tuonerà Eraclito, secondo cui, infatti, il rapporto tra gli opposti non deve essere di armonia, ma di lotta, di tensione. Per i Pitagorici invece per avere armonia ci deve essere annullamento tra gli opposti. Tra i Pitagorici va ricordato Filolao, che compose uno scritto in dialetto dorico (che secondo la tradizione sarebbe stato comprato da Platone stesso): della sua opera ci sono rimasti alcuni frammenti dove è annunciata in maniera assertoria la tesi che il Cosmo è composto di elementi illimitati e limitanti.
Ritornando alle dottrine pitagoriche, come i movimenti celesti sono eterni, perché in essi, per la loro circolarità, il principio e la fine si ricongiungono, così anche l'anima, a differenza del corpo, ha una serie di ritorni periodici.
Del ritorno periodico di tutte le cose, diceva il pitagorico Eudemo che, data l'identità del moto e la costanza delle successioni, tutti gli eventi si riprodurranno in un tempo prefisso: "così anch'io tornerò a parlare, tenendo questo bastoncino in mano, a voi seduti come ora; e tutto il resto si comporterà ugualmente".

I Numeri Maestri

In generale, nella Numerologia tutti i numeri di due cifre vengono ridotti a una sola cifra sommando insieme le due cifre che li compongono.
- Tuttavia, esistono alcune eccezioni: i Numeri Maestri, e i Numeri Karmici.

L'Undici, il Ventidue e il Trentatre sono chiamati Numeri Maestri, o Numeri della Prova, perché rappresentano una versione molto intensificata della loro riduzione a una sola cifra; nello studio della Carta Numerologica vengono indicati così: 11/2, 22/4 e 33/6.
- Il numero maestro accentua i significati di un numero singolo e richiede un grande impegno da parte di colui che lo porta, per gestirlo al meglio nel corso della sua vita.

Esso dona molto se lo si sa sfruttare pienamente, in quanto indica che si possono raggiungere mete particolari e importanti, di spicco, che ci distinguono da tutti gli altri proprio perché, i numeri maestri, recano in sé un livello di consapevolezza maggiore che il soggetto possiede e deve imparare a gestire per restarne vittima.

Per calcolare manualmente il numero maestro, è necessaria la data di nascita completa.
- Il processo consiste nel ridurre la data di nascita a una sola cifra o a uno dei numeri mastri (11, 22 o 33).

Ecco come fare:
- Scomporre la data di nascita in forma numerica (mese, giorno, anno).

- Aggiungere ogni componente separatamente: i numeri del mese, del giorno e dell'anno fino a ridurli a una sola cifra o a un numero principale.
- Unire i totali per ottenere una somma finale.
- Se la somma è un numero a due cifre, riducetela ulteriormente sommando le due cifre, a meno che non si tratti di uno dei numeri principali (11, 22 o 33).

Ad esempio, se siete nati il 22 novembre 1999, il calcolo sarebbe: 11 (novembre) + 22 (giorno) + 1+9+9+9 (anno) = 11 + 22 + 28 = 61, quindi 6+1 = 7.

In questo scenario, il vostro numero a una cifra sarebbe il 7, sia come numero del percorso di vita che come numero dell'angelo.

Tuttavia, se in qualsiasi fase del calcolo si arriva a 11, 22 o 33, quello è il numero principale e non si riduce ulteriormente.

Come visto, tre numeri maestri rubano la scena per il loro significato extra. Essi sono:

- 11: Il Maestro Insegnante - Il numero 11 è associato all'intuizione, all'intuizione spirituale e all'illuminazione.
  Favorisce lo sviluppo dell'empatia, del talento artistico e della leadership visionaria.
- 22: Il capomastro - Il numero 22, noto per la sua capacità di trasformare i sogni in realtà, incarna disciplina, ambizione e visione innovativa. Suggerisce la capacità di ottenere risultati e contributi significativi alla società.
- 33: Il maestro guaritore - Il numero maestro 33 risuona con la guida, la compassione e l'elevazione dello spirito umano.
  Indica una forte spinta a ispirare, guarire e illuminare gli altri, spesso collegata al servizio altruistico e alla creatività artistica.

I numeri come 111, 222, 333 sono considerati come Numeri Maestri Superiori: ognuno di questi ha un'unica risonanza che influisce su di noi e ci attiva a livello cellulare profondo.

Il Numero Maestro 11

Con il numero maestro 11 abbiamo la rappresentazione suprema dell'illuminazione e dell'ottica visionaria.
Il suo vedere, quindi, va oltre l'apparenza e si spinge fino a raggiungere il vero assoluto.

- In questa prospettiva il numero 11 accresce e valorizza il significato del numero Due, dato che ne evidenzia sia le azioni catalizzatrici che prettamente spirituali.

Possiamo definire l'Undici come il numero della responsabilità: la sua azione vibrazionale, infatti, non è né negativa né positiva, ma necessita di un maturo impegno da parte dell'individuo.
Se, chi vive sotto l'influenza dell'Undici, non riuscisse o non fosse più all'altezza di governare questa potente vibrazione, la persona, involontariamente, seguirà inconsciamente quella del numero Due.

- Vivere sotto l'influenza del numero Undici richiede un costante impegno di energia sia a livello nervoso che psichico.

Le persone, dotate di un grande intuito e di poteri extrasensoriali, sono in grado di percepire situazioni e stati d'animo precluse alle altre: ma, proprio perché provviste di una coscienza più elevata e di un'abilità a leggere oltre ciò che appare, le persone definite dal numero 11 si troveranno, nel corso della loro esistenza, a sostenere e a superare sempre dure prove. Dagli altri membri della società la persona dell'11 è considerata "diversa" ma, nonostante ciò, proprio per queste sue innate capacità, le loro opinioni e le loro parole vengono spesso richieste e ricercate.

- Si tratta di un numero di guarigione.

Di nuovo, l'energia premurosa e premurosa del 2, combinata con la capacità soprannaturale che ha l'1 di guardare sotto la superficie della vita, significa che questo numero può ispirare armonia, equilibrio e benessere negli altri.

- Coloro che hanno l'11 nei loro grafici scopriranno spesso che gli altri vogliono semplicemente essere vicini a loro o alle loro creazioni, poiché la loro semplice presenza ha una qualità curativa.

Come il Due, anche l'Undici ha una forte tendenza a relazionarsi con gli altri ma, in questo caso, avviene a livelli molto più elevati: la sua finalità è vivere la propria vita inseguendo ciò che ha sempre voluto e sognato, anche se a volte rischia di cedere alle illusioni.

La vibrazione Undici dà la possibilità di riuscita in qualsiasi campo o conduce alla sconfitta totale.

- Il numero Undici ha prodotto grandi artisti, musicisti e pittori.

La persona caratterizzata dal numero undici è idealista, intuitiva, sognatrice, eccentrica, esteta, comunicatore di massa: ha successo come star della televisione, poeta, inventore, psicologo, ecclesiastico, progettista, rappresentante del bello, occultista.

Possiamo associare a ogni numero un pianeta, un segno zodiacale e un elemento fondamentale della vita sulla Terra.

Per il Numero 11 abbiamo:
- Segno Acquario.
- Pianeta Urano.
- Elemento Aria.

Segna le intelligenze superiori che comunicano con la realtà trascendente, ha un'intuizione molto spiccata.

Il numero 11 è un Numero Maestro, rappresenta la più alta vibrazione del 2, anche se spesso nella normalità della vita il numero 11 vive secondo i ritmi del suo numero base, il 2.

- Aggiunge all'ispirazione geniale dell'11 l'intuito del 2, tanto da essere considerato un grande sognatore e uno spirito visionario e profetico.

Ha in sé la capacità del genio che cerca di sconfiggere l'incompletezza e l'ignoranza nelle situazioni più comuni. La persona 11 tende sia a guardarsi dentro, sia a vedere in modo prospettico nel futuro.

- Occorre, tuttavia, fare attenzione a non disperdere le energie.

Il Numero Maestro 22

Il numero maestro Ventidue rappresenta la facoltà di applicare la somma consapevolezza ai problemi di ordine pratico, esaltando e accrescendo il significato del numero Quattro.

- Infatti, tutto ciò che viene sentito dal Quattro a livello soggettivo viene esternato a livello universale dalla vibrazione del Ventidue.

Questa vibrazione fa in modo che si sviluppi, nelle persone influenzate da questo numero, un'intensa passione per le tematiche metafisiche.
L'innata capacità di costruire, pianificare ed eseguire del numero Quattro è amplificata nel Ventidue dalla doppia cifra.

- Per tale motivo, quindi, la potente energia emanata da questo numero porta l'individuo al conseguimento di grandi obiettivi e ambiziosi progetti.

Anche se questo potere non si manifesta in tutte le persone allo stesso modo tendono, comunque, ad agire pensando in grande.

- Questa attitudine porterà le persone del 22 a fondare grandi organizzazioni mondiali per migliorare la vita dell'intera umanità.

Il numero Ventidue ha molti riferimenti alla tradizione biblica: infatti, possiamo ritrovare il numero Ventidue nelle lettere dell'alfabeto ebraico.
Ventidue sarebbero, secondo la tradizione ebraica, i libri del Vecchio Testamento, come Ventidue sono gli elementi che l'onnipotente creò durante i sei giorni della creazione.
Al momento della creazione, Dio in effetti si limitò solo a nominare tutte le cose create e che immediatamente, tramite

l'invocazione del loro nome preciso, si manifestarono e vennero così create dal nulla: questo perché il nome contiene in sé l'essenza stessa della cosa creata. In virtù del fatto che Dio è l'artefice di tutto il creato, i Ventidue nomi si riferiscono dunque a "tutto ciò che esiste".

- Così proprio nel numero Ventidue è racchiuso il segreto della creazione dell'universo da parte di Dio.

L'individuo Ventidue si configura come un dominatore, ed emerge tra tutti quelli che gli stanno intorno distinguendosi in modo definito e singolare, come allo stesso modo Dio è separato e distinto dalla stessa creazione.

- Ha successo come pianificatore globale, figura politica, leader.

Possiamo associare a ogni numero un pianeta, un segno zodiacale e un elemento fondamentale della vita sulla Terra.
Per il Numero 22 abbiamo:
- Segno Capricorno.
- Pianeta Saturno.
- Elemento Terra.

Il numero 22 è il secondo Numero Maestro, rappresenta la più alta vibrazione del 4.

- Come per l'11, è difficile viverlo tutto il tempo, ma anche vissuto da 4 ha qualità al di fuori del normale.

È la genialità pratica, legata alla materia.
È la competenza portata al livello estremo di realizzazione su larga scala, la capacità di programmazione somma, la costruzione di imprese che restano nel tempo.
E' portato alla realizzazione di grandi missioni, ad avere ruoli importanti nella comunità, a livello nazionale o internazionale.

Ambizione e attitudine alla creatività e all'innovazione sono la sua normalità.
- Tuttavia, talvolta si hanno esigenze troppo grandi.

Il Numero Maestro 33

Il numero maestro Trentatre raffigura l'amore profondo e incondizionato.
- Simbolo di impegno totale il Trentatre tende a conservare le tradizioni, soprattutto quelle che riguardano il nucleo familiare.

Ha cura del benessere delle altre persone addossandosi spesso grandi responsabilità.
- Da tempo considerato il numero di Cristo, il possiede un'innata capacità di amare in maniera assoluta e senza riserve.

La potente energia del numero Trentatre, se non viene compresa e indirizzata, corre il fondato rischio di trasformarsi in forza esplosiva: questo può avvenire perché la naturale capacità si espande nei casi della doppia cifra e la persona agisce seguendo l'ispirazione di una fonte superiore.
Quindi, per utilizzare al meglio questo genere di energia, le persone sotto l'influenza del numero maestro Trentatre dovrebbero seguire tutti i principi di una corretta vita all'insegna dell'elevazione spirituale.
- Ha successo come leader in tutte le attività di servizio.

E' possibile associare a ogni numero un pianeta, un segno zodiacale e un elemento fondamentale della vita sulla Terra.
Per il numero 33 abbiamo:
- Segno Pesci.
- Pianeta Nettuno.
- Elemento Acqua.

Il numero 33 è il terzo Numero Maestro, rappresentante la più alta vibrazione del 6: la tendenza alla dedizione per gli altri e al sacrificio presenti nel 6 qui si spostano dalla famiglia a tutta l'umanità.

- È il numero del Cristo, di San Francesco, dei grandi Maestri di saggezza.

Nel 33 l'ideale umanitario raggiunge l'apice: è il difensore della pace.

Il 33 non ha più per riferimento il proprio gruppo di provenienza, egli possiede la verità e la vuole trasmettere agli altri attraverso un comportamento esemplare.

Per esercitare questa missione si domanda il perché delle cose, vuole stare tra la gente e spingere gli altri alla ricerca della propria verità.

- Occorre che accetti il confronto per non esporsi a facili illusioni scambiando l'oggetto della sua missione per la verità assoluta.

I Numeri Karmici

I numeri karmici sono il ponte che collega la Numerologia alla Teoria del Karma.
Con il termine Karma si fa riferimento alla Legge universale di causa/effetto secondo la quale le azioni e le scelte compiute da una persona in passato (anche nelle vite precedenti) ne influenzano il presente e il futuro (inteso come futuro immediato ma anche come prossime reincarnazioni).
Il numero karmico si individua partendo dalla data di nascita e, oltre a fornire informazioni per una profonda comprensione di sé, è una preziosa guida sulle decisioni più importanti da prendere nella vita quotidiana.

- Il numero karmico aiuta a identificare i momenti chiave della nostra esistenza e le azioni che favoriscono la crescita spirituale e l'equilibrio karmico.

In ogni vita impariamo nuove lezioni e commettiamo nuovi errori, ma ci sono elementi che si ripetono costantemente e che possono essere individuati proprio grazie al nostro numero karmico.
Conoscerli ci permette di affrontarli, ritrovare l'equilibrio e risanare il Karma nella vita presente.
Per ottenere il proprio numero karmico bisogna sommare il giorno, il mese e l'anno di nascita, riducendo poi il risultato a un numero compreso tra 1 e 9.

- Fanno eccezione i numeri maestri 11, 22 e 33 (che non vengono ridotti) e i numeri 13, 14, 16 e 19 che rappresentano il debito karmico.

Il debito, per sua definizione, è qualcosa che va saldato.

- E come si possono saldare i debiti karmici?

Attraverso azioni onorevoli e, soprattutto, mettendo in pratica le lezioni necessarie per spezzare le catene della disarmonia che interferiscono con la nostra evoluzione personale.

I numeri karmici sono i seguenti: 13, 14, 16, 19.
- Indicano, come detto, dei "debiti" che ci portiamo appresso dalle vite precedenti.

Nel contesto della reincarnazione, un Numero Karmico indica un'esperienza non terminata, una responsabilità o un impulso sui quali bisogna lavorare in questa vita: se non completate il lavoro in questa vita, ve lo ritroverete davanti fino a quando lo avrete terminato.
- Lo scopo dei numeri Karmici è quello di insegnarci delle lezioni inerenti al loro stesso significato, con la finalità ultima di integrare qualche aspetto che abbiamo trascurato.

In ogni numero karmico è implicito un eccesso, vedremo che nel 13, abbiamo ecceduto nell'attaccamento alle cose materiali, nel 14 nell'attaccamento ai sensi, nel 16 abbiamo enfatizzato la speculazione intellettuale e nel 19 abbiamo ecceduto nell'importanza data al nostro ego.
- Un numero karmico può comparire direttamente nella data di nascita, quindi, assume molta rilevanza per i nati nei giorni 13, 14 , 16, 19.

Invece, per verificare se compare nel Numero del Destino, occorre sommare tutti i numeri della data di nascita.
Esempio 15 - 6 - 1973.
Occorre prima ridurre i numeri in questo modo:
- Il giorno 15 diventa 6.
- Il mese 6 rimane 6.
- L'anno 1973 diventa 2 (1+9+7+3=20=2).

Infine, si devono sommare i tre numeri ridotti, in questo caso 6+6+2=14.
- Il numero 14 è un numero karmico e non va ulteriormente ridotto.

Nello studio della Carta Numerologica vengono indicati così: 13/4, 14/5, 16/7, e 19/1.

Il Numero Karmico 13

Il numero karmico Tredici rappresenta la morte, la trasformazione e la rinascita.
Il 13 è composto da 1 e 3 per cui:
- L'Uno, origine di tutte le cose, ha in sé il germe del principio non ancora formato, numero divino, sorgente di tutto ciò che esiste e che è. Il Tre, che presenta le potenze attive dell'Uno e le porta alla realizzazione.
- Il Tre è la conoscenza della completezza e della perfezione: i latini affermavano che "omne trinum est perfectum".

Chi vive sotto l'influenza del Tredici avrà la concreta possibilità di riparare o di completare ciò che nelle vite passate è rimasto incompiuto. Ostacolate in precedenti esperienze di vita da situazioni di malattia, ignoranza e/o schiavitù, le persone del Tredici potranno quindi agognare a una vita migliore.
Questa aspettativa non si limita solamente all'individuo influenzato dal Tredici, ma coinvolge anche le persone che gli stanno vicine a cui trasmette questa grande capacità.
Dato che, nell'ultima fase del suo percorso evolutivo il Tredici si troverà a dover affrontare diversi ostacoli, potrà cedere alla debolezza di abbandonare il cammino o di prendere deviazioni per rendere il percorso più semplice, evitando così proprio ciò che si era prefisso di fare sin dall'inizio.
Il Tredici karmico simboleggia inoltre il bisogno innato di apprendere la disciplina e il modo giusto per superare qualsiasi tipo di difficoltà.

- Pregiudizi legati al numero 13

La triscaidecafobia è la paura irragionevole del numero 13, principalmente legata alla cultura popolare e alla superstizione. In alcune culture, specie quelle anglosassoni, esistono varie credenze riguardanti il venerdì 13.

Il termine è stato coniato da Isador Coriat nell'opera Abnormal Psychology; bisogna tuttavia notare che il numero 13 in alcune culture è considerato simbolo di fortuna e prosperità, specialmente nella regione del Tibet, in Cina.

Le origini della superstizione contro il numero 13 non sono note con certezza. Un fatto rilevante è che il 13 è il successore di un numero altamente composto, il 12, che è considerato positivo in molte culture (patriarcali).

- Un insieme di 12 elementi si può infatti dividere in parti uguali in molti modi (per due, tre, quattro o sei); un "tredicesimo" elemento che si aggiunga a questo insieme lo "spaia" irrimediabilmente, impedendo qualunque suddivisione; infatti, il 13 è un numero primo.

In natura un genus di cicale nord-americane, le Magicicada, ha un ciclo di vita di 13 anni per 4 specie o di 17 anni per 3 specie: in particolare, gli adulti vivono poche settimane un dato anno, mentre sono assenti negli anni intermedi.

Questo perché 13 e 17 sono numeri primi tanto grandi da rendere necessario che le specie di potenziali predatori debbano sincronizzare il loro ciclo di vita proprio su 13 (o 17) anni.

- L'antipatia per il 13 ha radici antichissime, religiose e mitologiche.

Nella mitologia norrena, Loki (subdolo, traditore e malvagio) era il tredicesimo dio.

Un celebre riferimento al 13 nei Vangeli riguarda l'Ultima Cena, in cui Giuda Iscariota fu il tredicesimo a sedersi a tavola. Sempre nel Cristianesimo, Satana viene descritto come il «tredicesimo angelo».

È stato fatto inoltre notare che, in alcuni anni, i calendari lunisolari presentano 13 mesi, mentre il calendario gregoriano e il calendario islamico hanno sempre 12 mesi in ogni anno. Un altro elemento che contribuisce a rendere il 13 temuto è la data, venerdì 13 ottobre 1307, nella quale furono arrestati in massa i famosi Cavalieri templari, osteggiati dal re di Francia Filippo IV il Bello.

- Nella cultura popolare di molti paesi del mondo, inclusa l'Italia, il tredici viene considerato un numero di cattivo augurio in numerosi contesti.

Può suscitare qualche perplessità, per esempio, partire per un viaggio in una comitiva di tredici persone, o essere in tredici a tavola (a maggior ragione quando questo avviene per l'arrivo inatteso di un tredicesimo invitato, come prendesse il posto nefasto di Giuda). Queste credenze vengono spesso combinate al significato attribuito al giorno venerdì (anch'esso di probabile origine religiosa: è il giorno della morte di Cristo secondo la tradizione) nella superstizione del venerdì 13.

- Quest'ultima però ha origine, o comunque prevale, nel mondo anglosassone.

In Italia, infatti, credenze di segno opposto ritengono fortunato il giorno 13 (salvo, magari, che si tratti proprio di un venerdì) e sfortunato il venerdì 17.
Assecondando tale superstizione, in alcuni edifici ci si riferisce al 13° piano chiamandolo diversamente (ad esempio "12b" o "14", saltando così nella numerazione dal "12°" al "14°").
L'aereo da combattimento tedesco sviluppato come successore dell'He-112 fu chiamato He-100 per evitare la sigla He-113, considerata sfortunata.
Negli Stati Uniti, nessun aereo è mai stato chiamato F-13, poiché molti piloti erano superstiziosi al riguardo.
Alcuni utilizzano la missione lunare Apollo 13 come prova per

dimostrare che 13 è un numero sfortunato. L'Apollo 13 fu lanciato alle ore 14:13, nel giorno 11 aprile 1970 (11/4/70, le cui cifre sommate danno 13), dal complesso 39 (tre volte tredici).
Voci diffuse che affermano che in realtà l'orario del lancio fu 13:13 sono false. È però vero che l'ora locale del Texas, da dove veniva effettuato il controllo della missione, era 13:13. Pare inoltre che Apollo 13 sarebbe dovuto entrare nell'orbita lunare il giorno 13 aprile.
Nella Formula 1, non c'è alcuna automobile con il numero 13. Tale numero, infatti, fu rimosso dopo che due piloti furono uccisi in altrettanti incidenti: entrambi stavano infatti guidando una monoposto numero 13.
Nel comitato IEEE 802 non è mai stato utilizzato il numero 802.13 per indicare un gruppo di lavoro.
L'Aeroporto internazionale di Memphis è privo dei gate A13, B13 e C13.
Il compositore Arnold Schoenberg era probabilmente "affetto" da questa mania: è stato affermato che la ragione per cui la sua ultima opera è intitolata "Moses and Aron", invece di "Moses and Aaron" (la scrittura corretta), è perché la forma corretta avrebbe generato una frase di 13 lettere.

- Oltretutto, egli nacque, e morì, il tredicesimo giorno del mese.

Una volta rifiutò di affittare una casa, poiché era la numero 13 della via, e temette profondamente di compiere 76 anni, poiché la somma delle cifre è pari a 13.
Il cantautore statunitense John Mayer registrò 14 tracce sul proprio album Room for Squares, nonostante la tredicesima non sia altro che una traccia di durata 0,2 secondi, e non sia nemmeno elencata sulla copertina dell'album.

- Tra gli arcani maggiori dei tarocchi, il numero 13 è associato alla carta della Morte (anche se nei tarocchi la morte è vista come un buon segno poiché rappresenta la resurrezione).

Nella serie TV inglese Coronation Street, i personaggi di Stan e Hilda Ogden abitano in una casa al numero civico 12a, per evitare che l'indirizzo presenti il numero 13.

L'attore Stan Laurel (Stanlio), una volta in arte, cambiò cognome affinché il conto delle lettere non risultasse pari a 13. Si chiamava, infatti, Stan Jefferson.

Molte compagnie aeree non inseriscono sui loro mezzi la fila numero 13, passando direttamente dalla numero 12 alla numero 14.

In Cina, in Giappone e in Corea, vi sono simili avversioni numerologiche (per il 4, il 14, il 24, il 34, il 41 etc.) che comportano "censure" analoghe a quelle del numero 13. Questa credenza nasce molto probabilmente dal fatto che la parola cinese quattro è quasi identica a morte.

È interessante notare che il 13 è considerato un numero fortunato in queste culture dato che la parola tre, pronunciata san, è simile nella pronuncia alla parola vivi o sopravvivi in cinese e coreano ed è naturale trovare il blocco 13A in luogo del quattordicesimo blocco di complessi residenziali.

I numeri di telefono cellulare contenenti il numero 4 sono venduti a minor prezzo rispetto agli altri.

In Spagna, Grecia, Romania e Paesi latinoamericani è il martedì 13 a essere considerato sfortunato: anche in Italia, comunque martedì è considerato un giorno sfortunato ("Né di Venere né di Marte né ci si sposa né si parte" e simili).

Nella cultura italiana è il 17 a essere considerato sfortunato.

I motivi sono probabilmente simili a quelli riguardanti il numero 13: il numero precedente, 16 è un numero comodo da dividere (per 2, 4, 8), mentre il numero 17 è un numero primo. La cultura popolare invece indicherebbe l'origine di questa superstizione nell'anagramma di tale numero scritto in cifre romane, XVII: tale

anagramma è VIXI, che in latino significa vissi (perfetto di vivo).
Ciò implica che la vita è terminata, come nel famoso annuncio ciceroniano di un'esecuzione (vixerunt).
In Italia non è raro notare l'assenza di camere d'albergo numero 17 oppure il numero dei parcheggi che passa dal 16 al 16b e poi al 18. La compagnia di bandiera Alitalia non ha la diciassettesima poltrona sui suoi aeroplani (e nemmeno la tredicesima), così come Germanwings che collega la Germania con molte città italiane. Sempre in tema di trasporti, un ambito piuttosto sensibile alle superstizioni, non esiste più l'autostrada A17 che è diventata parte dell'A14 (mentre però esiste l'A13 e la Statale 17).
La Renault vendette la sua "R17" come "R177" in Italia.

Il Numero Karmico 14

Il numero karmico Quattordici rappresenta la libertà, l'esplorazione e il costante cambiamento.

- L'energia del Quattro educa a vivere nel mondo materiale e sensuale senza smarrire il legame con le radici trascendentali e spirituali dell'essere.

Le persone influenzate dal numero Quattordici hanno la grande occasione di apprendere l'uso del libero arbitrio con saggezza ed equilibrio.

Per imparare la "lezione" è richiesto all'individuo un gran lavoro sia fisico sia psicologico e un alto senso di responsabilità per tener fede alle promesse senza avere l'insana illusione di sperperare tempo e risorse.

In altre parole, si tratta semplicemente di valorizzare le qualità del numero Cinque, evitando gli eccessi e le fasi altalenanti in cui si imbatte il Quattordici, eccessi e squilibri dovuti a gravi limitazioni, subite o autoimposte in vite passate, della propria libertà.

La capacità di indagare e di adattarsi proprie del numero Cinque non faranno altro, quindi, che portare giovamento al Quattordici che tenderà così a mantenere sempre chiari i propri obiettivi e a coltivare la saggia visione della natura spirituale dell'esistenza umana come fondamentale punto di riferimento.

Il Numero Karmico 16

Il numero karmico Sedici rappresenta l'essenzialità e il cambiamento e, gli individui sotto la sua influenza si ergono a veri e propri catalizzatori che incitano, anche chi li circonda, al cambiamento.

- Le persone del Sedici tendono a eliminare, nel corso della loro vita, tutte le false impalcature che hanno costruito nella speranza di elevarsi e di distinguersi dagli altri.

Il Sedici, infatti, possiede, più di tutti gli altri numeri, una grande capacità introspettiva palesata dal suo continuo desiderio di conoscenza e voglia di evolvere.

- Il Sedici, inoltre, è portato ad allontanare ogni tipo di condizionamento autoimposto e denota che le qualità del Sette sono state mal applicate.

Così, gli individui sotto l'influsso del Sedici hanno la possibilità di riequilibrare quella che doveva essere una fine intelligenza, un'innata attitudine alla comprensione e una notevole capacità intuitiva. In altre parole, il "compito" del Sedici è quello di ripercorrere con profonda umiltà il cammino che, passo dopo passo, lo ha distanziato dal genuino scorrere della vita e dalla fiducia nel vivere la stessa. L'energia emanata da questo numero, per di più, dà coraggio alle persone nell'essere sincere con se stesse anche se spesso si troveranno a dover affrontare grandi dolori e delusioni.

Tuttavia, queste potranno diventare ottime occasioni per abbandonare il senso d'orgoglio e ricominciare ad assaporare le semplici gioie che la vita ci offre.

Il Numero Karmico 19

Il numero karmico Diciannove è associato a una vita precedente caratterizzata da ruoli di comando e dal coraggio.

- Espressione di una incisiva personalità, il numero Diciannove è alla continua ricerca di originalità e indipendenza.

Il numero Diciannove, inoltre, si distingue per una forte ambivalenza: le persone caratterizzate da questo numero, infatti, tendono a essere dominanti o aggressive quanto intimorite e prive di forza di volontà.

Le paure inconsce dovute a vite passate possono portare l'individuo a essere estremamente prudente e metodico tanto da bloccarlo nelle sue azioni soprattutto nel caso in cui siano coinvolti affetti ed emozioni altrui.

Conseguenza di questa predisposizione è una tendenza a escludersi da ruoli di prestigio o di comando. Un altro aspetto del Diciannove è una distorsione dell'indipendenza e autonomia dell'Uno, per cui la persona sotto la sua influenza tende a esasperare il senso di autonomia non permettendosi di accettare l'aiuto degli atri, cioè non accettando che siano tutti intimamente collegati tra noi.

L'analisi dei numeri ombra consente di acquisire consapevolezza sugli aspetti della personalità che tendono a squilibrarsi, e che sono all'origine degli stress psicologici radicati sin dall'infanzia.

E' in questi numeri l'origine delle compulsioni e dei timori irrazionali che inducono a comportamenti inadeguati, e degli errori che nostro malgrado, tendiamo sistematicamente a ripetere.

I Numeri ombra si ricavano dalla sottrazione dei numeri della data di nascita.

I Numeri Ombra

I Numeri Ombra sono cifre che fanno parte dei Numeri Personali e che si ottengono elaborando la data di nascita di una persona.
Il loro significato è molto importante, dal momento che permettono di risalire, e interpretare al meglio, quegli aspetti della nostra personalità che sono soggetti a squilibri e che, spesso, sono un retaggio della nostra storia personale vissuta nei primi anni di vita.

- Il numero Ombra è la parte meno attraente, rappresenta lo sconosciuto che è in noi, quello che meno riusciamo a comprendere, è l'ostacolo a esprimere i potenziali, per cui è dal numero ombra che dovremmo partire per esprimere i nostri talenti.

Ai Numeri Ombra, per la profondità del significato che richiamano, sono spesso associati gli archetipi che hanno il compito di richiamare la nostra attenzione su quei processi psicologici indispensabili per comprendere paure e condizionamenti che tendono a farci ripetere, nel tempo, errori o atteggiamenti sbagliati.
Gli archetipi, hanno un ruolo fondamentale nella psiche umana. Jung stesso ne sottolineava l'importanza nel processo cognitivo di una persona che recupera la propria consapevolezza.

- L'Ombra comincia a formarsi quando siamo ancora nel ventre materno, solo in tempi recenti si è appreso quanto il feto sia sensibile agli stati d'animo della madre e alle influenze dell'ambiente esterno.

Alcuni autori riferiscono che la formazione dell'ombra è influenzata anche dal karma, ma da qualsiasi retaggio provenga

l'ombra prosegue la sua formazione nelle esperienze dell'infanzia e radica nell'Essere, in attesa di venire scoperta.
Ogni bambino è sensibile e percettivo, ognuno con un suo grado di sensibilità che lo predispone a essere influenzato dagli eventi.
Dovremmo interagire in punta di piedi accogliendo un bambino in noi come madri e nella nostra vita come padri e adulti che formano il mondo del bambino ma, solitamente, non abbiamo attenzioni così spiccate, così l'ombra si forma tra urti e scossoni, reminiscenze dell'era fetale e di vite precedenti.
Il lato ombra comprende quegli aspetti poco conosciuti di noi stessi, quelli che ci fanno paura o che non riusciamo a controllare. Scoprire l'ombra è essenziale per poterla integrare e trasmutare il disagio in un contributo di crescita e forza.

- I Numeri Ombra sono la chiave di lettura di tutti i numeri della personalità e del destino.

Indicano i conflitti che l'individuo si trova a vivere, le sfide che deve affrontare nel corso della sua esistenza per formare la propria personalità e vivere una vita equilibrata.
Per individuarli al meglio, utilizziamo i calcoli numerologici sulla nostra data di nascita e proviamo ad estrarne le cifre personali che ci diano, come risultato, una traccia da seguire per riflettere sugli aspetti della nostra personalità che vanno corretti.

- 1° Numero Ombra: Mese - Giorno
  E' relativo alla giovinezza, fino ai 28 anni.
- 2° Numero Ombra: Giorno - Anno
  E' relativo all'attività adulta.
- 3° Numero Ombra - Ombra Principale: 1° Numero Ombra - 2° Numero Ombra
  L'ombra principale è quella che dura tutta la vita e che di conseguenza merita un'analisi particolarmente accurata.
  Il numero ombra fondamentale è il terzo.

Vediamo come si calcolano i Numeri Ombra.

Persona nata il 10/2/1888
Giorno: 10 = 1+0 = 1
Mese: 02 = 0+2 = 2
Anno: 1888 = 1+8+8+8 = 25 = 5+2 = 7

- 1° Numero Ombra: 2-1 = 1
- 2° Numero Ombra: 1-7 = 6 (si tiene conto del valore assoluto)
- 3° Numero Ombra: 1- 6 = 5 (si tiene conto del valore assoluto)

Nel caso che un numero ombra sia presente due volte, accentua le problematiche connesse all'Archetipo stesso e necessita di una intensa autoanalisi per essere equilibrato.

La data di nascita

Dalla data di nascita possiamo individuare importantissimi fattori.

- Il giorno di nascita

Il giorno di nascita risponde alla domanda "chi siamo".
- Identifica l'Anima, la nostra personalità e il nostro essere interiore.

L'analisi numerologica comincia con il giorno del mese in cui siamo nati.
- Si tratta di un potente indicatore del nostro punto di vista e della nostra posizione generale nel mondo.

L'osservazione di questo numero ci consente di dedurre le opportunità professionali, le inclinazioni nelle relazioni, sentimentali e di amicizia, e capire quali aspetti della nostra personalità necessitano di miglioramenti.
- Il giorno in cui siamo nati influenza la personalità di ciascuno di noi, agendo nel periodo più attivo della vita, periodo che va dai 28 ai 55 anni, in cui è possibile realizzare e raggiungere molti obiettivi.

Teniamo presente che se le caratteristiche descritte dal giorno della nascita non corrispondono pienamente con quelle della persona che conosciamo, bisogna metterle in relazione ad altre caratteristiche che ci sono fornite dal numero del Sentiero di Nascita e dal numero del Cuore.

Ad esempio, una persona nata il primo del mese potrebbe non avere le caratteristiche di leadership se il suo numero del Sentiero della Nascita è il sei.

- Il mese di nascita

Il mese di nascita risponde alla domanda "che cosa dobbiamo fare".
- Identifica il Karma, il nostro rapporto con il mondo esterno, il percorso che ci siamo prefissati per questa vita.

Il numero del mese di nascita influenza l'infanzia e la giovinezza.
E' il periodo che prepara alla vita di adulto e riguarda i problemi vissuti in famiglia dal bambino, gli interessi, i sentimenti, gli studi dell'adolescente e poi del giovane.
Esempio: per un individuo nato il 15/4/1986 sarà il numero 4 che influenza con la sua energia questo periodo.
Il 4, numero della concretezza e stabilità, prevede studi medi e lavoro giovane, ricerca di stabilità affettiva.
- Il "giorno e il mese di nascita unite insieme" ci dicono l'energia con cui noi ci rapportiamo agli avvenimenti della nostra vita.
- E' questo un numero molto importante che ci fa capire le motivazioni delle nostre azioni.

Esempio

Per un individuo nato il 15/4 il numero ottenuto è 19 che con la riduzione esoterica dà 1 (1+9 = 10 = 1).
Nelle varie situazioni ci sarà una forte esigenza di realizzare se stesso (1) coinvolgendo però anche gli altri (9).

- L'anno di nascita

Le "ultime due cifre dell'anno di nascita" rispondono alla domanda "quali sono le nostre doti".
- Descrivono il nostro Dono, le nostre caratteristiche innate, già sviluppate, sulle quali poter contare.

La "somma dell'anno di nascita" risponde alla domanda "cosa siamo destinati a fare" e "cosa siamo destinati a essere".
- Delinea il nostro Destino, ovvero ciò che siamo destinati a essere, è anche una descrizione di come ci vedono gli altri. Il numero che si ottiene dall'anno di nascita influenza la terza età.

Nel nostro esempio abbiamo 1986 = 1 + 9 + 8 +6 = 24 = 6.
C'è ancora il 6 ma questo 6 viene dal 24: gli affetti familiari sono importanti e si prevede stabilità in tutti gli aspetti della vita.
- La "somma completa della data di nascita" rappresenta la nostra "via di realizzazione", il nostro Sentiero di Nascita.

Delinea lo scopo, la strada da percorrere per la nostra più elevata Realizzazione per vivere una vita serena.
- Questo numero descrive il tipo di eventi e di persone con i quali ci confronteremo durante il corso della nostra esistenza.

Esempio

Calcolo per una persona nata il 13 marzo 1961.

- Anima = 13 = 1 + 3 = 4
- Karma = 3
- Dono = 61 = 6 + 1 = 7

- Destino = 1961 = 1 + 9 + 6 + 1 = 17 = 1 + 7 = 8
- Realizzazione = 13 + 3 + 1961 = 1 + 3 + 3 + 1 + 9 + 6 + 1 = 24 = 2 + 4 = 6

Il Sentiero di Nascita

La "somma completa della data di nascita" rappresenta il nostro sentiero di nascita, la nostra "via di realizzazione".

- Delinea lo scopo, la strada da percorrere per la nostra più elevata Realizzazione per vivere una vita serena.

Questo numero descrive il tipo di eventi e di persone con i quali ci confronteremo durante il corso della nostra esistenza.

Esempio

Calcolo per una persona nata il 13 marzo 1961.

$13 + 3 + 1961 = 1 + 3 + 3 + 1 + 9 + 6 + 1 = 24 = 2 + 4 = 6$

Analizziamo nel dettaglio il significato dei vari numeri risultanti.

- Numero del sentiero 1

Persone predisposte per un'attività in proprio, in quanto mal tollerano di ricevere ordini.
Ottima fiducia in se stessi, coraggio, creatività e padronanza, calcolo dei rischi e delle sfide che portano a un percorso da leader, a volte solitario: si deve, quindi, essere capaci di dominare il proprio istinto di comando.

- Numero del sentiero 2

Persone sensibili e ricettive portate per la vita sociale con ricerca dell'armonia nei rapporti collaborativi.

Il tatto e la gentilezza di cui sono dotati gli permettono di comprendere bene gli altri, ma devono fare attenzione a non annullarsi nel desiderio di compiacere il prossimo.
- Il matrimonio è visto come un'isola sicura.

Sono portati per l'arredamento, l'arte, la decorazione d'interni perché sono attenti all'ambiente in cui vivono.

- Numero del sentiero 3

Persone dotate di simpatia e buonumore, originalità, fortuna, intelligenza e talento e quindi si trovano spontaneamente al centro dell'attenzione.
E' vivamente sconsigliato il lavoro di routine, in quanto la persona numero tre ha bisogno di comunicare e di esprimersi a livello creativo.
Per evolvere necessitano del plauso e della gratificazione altrui.

- Numero del sentiero 4

Persone molto selettive nei contatti personali, organizzate, efficienti e con i piedi bene per terra.
Necessitano di stabilità e si costruiranno il futuro con un cammino lento fatto di un passo dopo l'altro, con perseveranza e ostinazione.
Hanno metodo e costanza nel lavoro e sono convinti di poter arrivare a buoni risultati solo impegnandosi molto.
Sono precisi e puntuali, alla ricerca della stabilità affettiva ed economica, quindi, hanno bisogno di un lavoro che sia organizzato, strutturato, pratico.

- Numero del sentiero 5

Persone molto indipendenti che hanno bisogno di un lavoro dinamico, creativo e sempre nuovo. Libertà e indipendenza sono ferocemente difese.
Amano i viaggi, gli imprevisti, sono capaci di disdire un appuntamento all'ultimo minuto, sono imprevedibili e attivi.
La moderazione e la tolleranza sono le qualità da coltivare.

- Numero del sentiero 6

Persone che si dedicano alla ricerca della sicurezza in famiglia, nonché alla costante ricerca di bellezza ed equilibrio. Agiscono spesso perché mossi da motivazioni di amicizia e affettive, ma sarà necessario che imparino a essere più riflessivi nel campo delle relazioni.
Sono ottimi psicologi perché hanno facilità di introspezione, lavoro nel sociale, ma anche critici d'arte. Sono persone molto buone.

- Numero del sentiero 7

Persone molto logiche e intelligenti con un percorso interiore molto ricco di ricerca spirituale o scientifica. Il loro essere schivi non li predispone al matrimonio e alle relazioni troppo simbiotiche.

- Numero del sentiero 8

Persone proiettate alla vita materiale, ambiziose, idealiste, audaci e combattive mirano ad avvicinarsi alle vette del potere, appesantendo il loro percorso.
Dovrebbero cerare di rendere più spirituali le proprie azioni.
Anche a livello emotivo l'amore e i rapporti sono legati alla sensazione di potere.

- Numero del sentiero 9

Persone che godranno di una vita appassionante con una particolare percezione per l'amore universale, i grandi ideali e la difesa delle giuste cause.
- Nella vita privata intendono l'amore come incondizionato e non solo come amore di coppia.

Vita appassionante e molto percettiva nell'ambito dell'amore universale e dei grandi ideali, difesa delle grandi cause. Buona possibilità di riuscita.
Hanno le doti per diventare insegnanti, avvocati, volontari in associazioni internazionali, politici, leader spirituali.

Il Numero dell'Anima

Il numero dell'Anima, si ricava dalla somma dei numeri corrispondenti alle vocali del nome e del cognome, ridotta successivamente a un'unica cifra.
- E' il numero dei Desideri, della Motivazione e della Interiorità.

Indica la parte più interiore e intima dell'individuo, le sue aspirazioni e motivazioni profonde.
- Questo numero descrive la componente più intima del carattere ed è associata all'Essere, in relazione ai desideri del cuore.

Utilizzando la tabella seguente ricaviamo il numero dell'anima.

Ad esempio, se il nostro nome e cognome completo è Mario Rossi, otterremo:

Mario Rossi = 1+9+6+6+9 = 31 = 3+1 = 4

Si può anche usare la tabella sottostante per vedere le lettere dell'alfabeto associate a ciascun numero:
- A, J, S – 1
- B, K, T – 2
- C, L, U – 3
- D, M, V – 4
- E, N, W – 5
- F, O, X – 6
- G, P, Y – 7
- H, Q, Z – 8
- I, R – 9

Analizziamo ora il significato dei vari numeri risultanti.

- Numero Anima 1

Il desiderio profondo di un numero 1 è quello di non sentirsi confuso con la "massa" e ottenere conferma al grande bisogno di stima e considerazione insiti nella sua indole.
- La testa tende a prevalere sul cuore.

Tuttavia, quando il traguardo prefissato è la durata di una relazione, il soggetto è disposto a riversare su questo obiettivo tutte le sue energie.

- Numero Anima 2

Il numero 2 è motivato dal romanticismo e dal sentimento.
Più di ogni altro numero, il 2 necessita di un rapporto affettivo e attribuisce molta importanza alla complicità e al sostegno offerto dal partner.

Sensibile fino all'eccesso non sopporta i contrasti e talvolta si annulla pur di evitare una discussione o un litigio.

- Numero Anima 3

Il 3 è un tipo adattabile e di larghe vedute che spesso preferisce sorvolare i problemi ricorrendo alla sua mercuriale capacità di sdrammatizzare.
- Innamorato dell'amore, desidera un partner affabile e romantico con cui condividere una variegata vita sociale.

Il 3 nella sua natura adolescenziale, ricerca gli aspetti fantasiosi della vita e fa molti sogni a occhi aperti: questo lato della personalità rende il 3 una persona con la quale è facile andare d'accordo, anche se talvolta può rivelarsi superficiale.

- Numero Anima 4

Il 4 è motivato dal bisogno di sicurezza e attribuisce molta importanza ai valori tradizionali.
- Il rispetto e l'amicizia vengono al primo posto, e nel rapporto col partner si dà il privilegio ad una relazione stabile e duratura.

Nonostante il 4 viva sentimenti profondi, trova difficoltà a esprimerli e solitamente dimostra il suo affetto in modo pratico, tramite il contatto fisico, oppure offrendo aiuto e sostegno materiale.

- Numero Anima 5

Spinto da un irrefrenabile desiderio di emancipazione, il 5 è in continuo fermento, sempre alla ricerca di nuovi stimoli che soddisfino la sua inesauribile sete di emozioni.

Sempre pronto a cogliere l'attimo è attratto da persone vivaci e fuori dagli schemi con le quali vivere insolite avventure.

Irrequieto e facile alla noia, il 5 necessita di un partner di larghe vedute che sappia tenergli testa e accetti il suo innato desiderio di libertà.

- Numero Anima 6

Sensibile e idealista il 6 vuole sentirsi utile e si cala facilmente nel ruolo di educatore.

Guidato dal sentimento si dedica agli altri, ma deve fare attenzione a non creare dipendenza nelle persone che ama.

La vita familiare è al centro dei suoi interessi e la sua indole affettiva lo orienta verso un partner ricettivo, disponibile ad accettare i suoi consigli e le sue premure, ma anche le sue pungenti critiche.

- Numero Anima 7

Perfezionista per natura è molto selettivo e preferisce pochi amici fidati a molti conoscenti.
- Profondo e riflessivo, il 7 ama la privacy e si protegge elevando attorno a sé una barriera di controllo e di freddezza.

Malgrado il distacco che manifesta all'esterno è molto suscettibile e necessita di un partner intellettualmente alla sua altezza, in grado di rispettare i suoi silenzi e capace di tollerare i suoi sbalzi d'umore.

- Numero Anima 8

Ambizioso e volitivo, il numero 8 aspira a traguardi elevati ed è disposto a lavorare sodo per conseguire i suoi obiettivi.

Anche nella vita sentimentale rivela la sua natura esigente ed è attratto da persone carismatiche, che condividono i suoi standard di prestigio e realizzazione.

Nonostante la sua natura passionale, l'8 può trovare difficoltà a esprimere i sentimenti, perché teme di rivelare il suo lato vulnerabile.

- Numero Anima 9

Guidato dal cuore è generoso, ma soggetto a forti sbalzi emotivi e può amare più persone contemporaneamente, coltivando relazioni segrete.

Ispirato dai valori universali il 9 è umanitario e idealista e desidera un partner aperto di vedute, che rispetti la sua esigenza di coltivare molteplici interessi al di fuori della relazione.

A causa del suo estremismo e del suo spirito critico necessita di un partner paziente e tollerante.

- Numero Anima 11

Soggetto a forti tensioni emotive non sopporta il lato prosaico della vita e tende a rifugiarsi nel suo mondo incantato.

Sensibile e ispirato, il numero 11 desidera condividere le sue visioni e ama creare attorno a sé un atmosfera ricca di suggestioni e di magia.

In amore tende a mettere il partner su un piedistallo, ma poi vittima di forti disillusioni non esita a trovare nel carattere dell'altro mille difetti.

- Numero Anima 22

Idealista dotato di senso pratico, il 22 desidera contribuire al progresso delle persone che lo circondano.

Sul piano affettivo, la presenza del doppio 2, indica un potenziale conflitto tra l'aspetto emotivo e quello razionale che si manifesta nella tendenza a passare da un sentimento idealizzato a una visione fredda e materialista.

Sovente il rigore mostrato dal 22 nasconde un temperamento intenso e drammatico.

Il Numero della Persona

Il numero della Persona si ricava dalla somma dei numeri corrispondenti alle consonanti del nome e del cognome, ridotta successivamente a un'unica cifra.

- E' il numero della Realizzazione, dell'Immagine, della Esteriorità.

Indica l'immagine che una persona da di sé, la prima impressione che suscita negli altri, il modo di stare e di esprimersi.
Questo numero corrisponde alla "maschera sociale", l'atteggiamento esteriore che, come un vestito-armatura, protegge l'Anima dall'impatto con il mondo esterno.
Utilizzando la tabella seguente ricaviamo il numero della persona.

1	2	3	4	5	6	7	8	9
A	B	C	D	E	F	G	H	I
J	K	L	M	N	O	P	Q	R
S	T	U	V	W	X	Y	Z	

Ad esempio, se il nostro nome e cognome completo è Mario Rossi, otterremo:

Mario Rossi = 4+9+9+1+1 = 24 = 2+4 = 6

Si può anche usare la tabella sottostante per vedere le lettere dell'alfabeto associate a ciascun numero:
- A, J, S – 1
- B, K, T – 2
- C, L, U – 3
- D, M, V – 4
- E, N, W – 5
- F, O, X – 6
- G, P, Y – 7
- H, Q, Z – 8
- I, R – 9

Analizziamo ora il significato dei vari numeri risultanti.

- Numero persona 1

Una postura eretta e un portamento fiero, sono tratti tipici dell'immagine proiettata all'esterno.
La sicurezza e la determinazione che trasmette agli altri lo portano a emergere dal gruppo, attirando a sé caratteri simili o al contrario persone dall'animo più fragile e insicuro.
L'uno può incupirsi se non ottiene subito il miglior risultato, vista la grande importanza che egli attribuisce al suo modello eroico.

- Numero Persona 2

Il 2 proietta all'esterno un'aura di dolcezza e disponibilità, che suscitando negli altri simpatia e accettazione, soddisfa il suo bisogno di serenità e armonia.
L'attitudine all'ascolto e alla diplomazia, favorisce il suo ruolo di mediatore, atto a riportare l'ordine nel suo contesto sociale o lavorativo.

Tuttavia, se nel quadro numerologico il numero 1 si trova in una posizione rilevante, l'accondiscendenza del 2 può essere solo apparente.

- Numero Persona 3

Il 3 ha il dono dell'eloquenza e si presenta agli altri come una persona aperta e socievole. Seducente e ricco di stile è dotato di una grande carica vitale, che per i tipi più introversi può risultare sfibrante.
Capace come nessun altro di fare "buon viso a cattivo gioco", il 3 spesso cela le preoccupazioni dietro un sorriso smagliante e si adatta con grande facilità ai desideri altrui.

- Numero Persona 4

Privilegiando uno stile sobrio e tradizionale, il 4 proietta all'esterno un'immagine di padronanza e sicurezza, proprie di una persona pratica e abituata a lavorare.
Come nel mito di Atlante, che regge sulle spalle la volta celeste, il 4 tende a sovraccaricarsi, facendosi carico di impegni che rischiano di diventare pesanti fardelli: questa configurazione numerologica, denota un'ottima capacità organizzativa.

- Numero Persona 5

Il 5 trasmette all'esterno un'aria di simpatia e disinvoltura e si fa subito notare per qualche caratteristica che lo contraddistingue.
Provocatorio e al contempo amichevole è l'eterno adolescente, che coinvolge con la sua energia istintiva e un po' naïf.
Sensuale e carismatico il 5 comunica molto con il linguaggio del corpo e attira con facilità sia amici che partner, attratti dal suo naturale magnetismo.

- Numero Persona 6

Dotato di senso estetico cura la sua immagine con eleganza, anche se privilegia uno stile formale.
Il 6 trasmette all'esterno una sensazione di calma ed equilibrio che lo identificano come una persona discreta, ma disponibile al contatto umano.
Predisposto a risolvere i problemi altrui, è un ottimo confidente, al quale le persone raccontano volentieri le vicissitudini della loro vita.

- Numero Persona 7

Il 7 si mostra come una persona singolare e raffinata, il cui fascino è dettato da una "dignitosa autorità", che traspare aldilà dell'abbigliamento o delle parole.
Questa forma di aristocrazia interiore, può far apparire il 7 un po' distratto, talvolta racchiuso nella sua inaccessibile torre d'avorio.
Necessitando di spazio vitale, il 7 può essere soggetto a repentini mutamenti, alternando momenti di disponibilità ad altri di totale chiusura.

- Numero Persona 8

Il suo portamento sottolinea la sua forte identità e anche l'abbigliamento è curato perché tiene molto all'impressione che esercita sugli altri.
- Il numero 8 proietta all'esterno un'immagine di autorità e sicurezza che all'inizio può essere avvertita come distanza psicologica.

La padronanza e la competenza che dimostra, favoriscono il suo inserimento in situazioni altolocate, dove può esprimere la sua innata leadership.

- Numero Persona 9

Il numero 9 proietta all'esterno un'atmosfera di disponibilità e calore umano che suscita negli altri simpatia e ammirazione.
Come un pifferaio magico, sa calamitare l'attenzione di chi lo circonda, provocando forti emozioni e attirando a sé persone bisognose del suo aiuto e dei suoi insegnamenti.
E' sufficiente la sua presenza affinché si crei un cerchio, nel quale le persone possono ritrovarsi ed esprimersi.

- Numero Persona 11

Il numero 11 sa calamitare l'attenzione altrui grazie al suo fascino particolare, che viene esercitato sugli altri a livello sottile, spesso inconscio.
- Non è, quindi, il fascino dell'estroverso, ma il magnetismo eterico della psiche.

Il suo porgere discreto e gentile, rivela a tratti la sua natura contemplativa, che tende a ispirare chi gli sta attorno.
Nonostante il suo aspetto convenzionale l'11 tende ad attrarre a sé persone originali e creative.

- Numero Persona 22

Il numero 22 proietta all'esterno un'aura di sobrietà e determinazione che lo identifica come una persona competente, in grado di assumersi responsabilità e risolvere questioni pratiche.

La gente, attratta dalla sua personalità intensa e carismatica coglie la sua disponibilità a fare le cose in grande e non esita ad affidargli incarichi e oneri mirati a incrementare la produttività o a risanare situazioni in crisi.

Il numero dell'Io

Il numero dell'Io si ricava dalla somma dei numeri corrispondenti alle vocali e alle consonanti del nome e del cognome, ridotta successivamente a un'unica cifra.
- E' il numero della Personalità.

E' il numero più importante tra quelli derivati dal nome, in quanto indica la vera personalità di un individuo, le qualità, i difetti, i talenti di cui è in possesso.
Questo numero corrisponde alla personalità ed è associata al fare, in relazione alle necessità della vita di tutti i giorni.
L'analisi di questa cifra rivela i tratti generali del carattere e descrive le predisposizioni lavorative.
Utilizzando la medesima tabella per ricavare il numero dell'Io.

1	2	3	4	5	6	7	8	9
A	B	C	D	E	F	G	H	I
J	K	L	M	N	O	P	Q	R
S	T	U	V	W	X	Y	Z	

Mantenendo il nostro esempio, se il nostro nome e cognome completo è Mario Rossi, otterremo:

Mario = 4+1+9+9+6 = 29
Rossi = 9+6+1+1+9 = 26

29+26 = 55 = 5+5 = 10 = 1

oppure:

Mario Rossi = 4+1+9+9+6+9+6+1+1+9 = 55 = 5+5 = 10 = 1

Si può anche usare la tabella sottostante per vedere le lettere dell'alfabeto associate a ciascun numero:
- A, J, S – 1
- B, K, T – 2
- C, L, U – 3
- D, M, V – 4
- E, N, W – 5
- F, O, X – 6
- G, P, Y – 7
- H, Q, Z – 8
- I, R – 9

Analizziamo ora il significato dei vari numeri risultanti.

La riduzione del numero viene sempre fatta quando il numero ricavato è diverso da 11 o 22 o 33 (i Numeri Maestri) oppure se non è compreso tra 1 e 9, che sono le prime nove cifre di base che non vanno mai divise.
Se il Numero trovato è compreso tra 1 e 9 oppure è 11 o 22 o 33 non si deve ridurre; in tutti gli altri numeri doppi o tripli le cifre che lo compongono devono essere sommate tra loro e ridotte, fintanto che il Numero trovato sarà compreso tra 1 e 9 oppure a 11 o 22 o 33: questi ultimi sono i primi tre Numeri Mastri e si devono considerare sia nella loro interezza, sia nella riduzione, quindi vanno interpretati entrambi.

Analizziamo il significato di ciascun numero.

- Numero dell'Io 1

Chi ha il numero Uno ha coraggio e fiducia in se stesso, è una persona molto indipendente, legata alla sua libertà che non deve perdere assolutamente.
- Toglietele i suoi spazi e vi abbandonerà, andrà via da voi, sia in amore sia nel lavoro.

Creativa, spigliata, simpatica e molto determinata deve fare lavori autonomi perché odia essere obbligata e comandata.

- Numero dell'Io 2

E' legato al concetto di dualità. È il numero della bellezza, della cultura, della verità, della percezione e della coscienza. È un numero decisamente femminile e induce il soggetto a rispettare e apprezzare le cose raffinate e intellettuali.
- È il numero della cooperazione, dell'attrazione, dell'affetto, dell'emozione e dell'entusiasmo.

La solitudine per voi non va assolutamente bene e dovete cercare sempre la compagnia di un amico, di un collega, di un parente. Il pericolo consiste in un carattere volubile, emotivo, a volte inconcludente.

- Numero dell'Io 3

Il concetto di famiglia è davvero ben radicato sin da giovani.
Tende a ricercare un partner e a costruirsi una famiglia con dei figli, forse molti figli: sono persone molto armoniose, concrete, determinate e fantasiose.

È il numero della Santa Trinità e fa sì che il soggetto sia altamente religioso, intuitivo e magnetico, dotato di uno spirito forte e compassionevole per aiutare gli altri.

- Numero dell'Io 4

Persone stabili, concrete, dotate di un concetto molto sviluppato dell'armonia. È il numero della realizzazione, della sicurezza, della protezione, della stabilità, dell'ambizione.
Coloro il cui nome risponde a questa vibrazione sono veri amici e buoni compagni. Il numero 4 è legato alla figura del quadrato che rappresenta anche persone un po' chiuse a livello intellettuale, poco aperte, troppo con i piedi per terra e poco creative.

- Numero dell'Io 5

Rappresenta persone molto creative, amanti della mondanità, dei giochi e dei divertimenti.
Sanno dedicarsi con amore all'educazione dei figli che sono importantissimi nella loro esistenza. Grande senso del bello, sono ottimi artisti, musicisti e amanti della natura, degli spazi aperti.
Chi ha il numero Cinque ha capacità di ripresa eccezionali e cade sempre in piedi.

- Numero dell'Io 6

Sono molto dediti al lavoro che amano fare avendo al proprio fianco collaboratori fidati. Svolgono le proprie mansioni quotidiane al meglio di loro stessi.
Coloro il cui nome risponde a questo numero hanno una natura peculiare: non sono sempre capiti e molto spesso sono la causa dei loro stessi fallimenti.

- Numero dell'Io 7

E' il numero della spiritualità, del misticismo, della sapienza e del successo.
Gli altri sono la loro ragione di vita, hanno bisogno di rapportarvi agli altri. Coloro il cui nome risponde a questo numero sono ricettivi, studiosi, creativi e intellettuali.
Possiedono una profonda comprensione e desiderano le cose più belle. La vita matrimoniale è molto ambita e ricercata.

- Numero dell'Io 8

Sono dotati di molto fascino e magnetismo. Coloro il cui nome risponde a questo numero hanno forte personalità, attirano la fortuna, le persone e gli eventi che possono essere favorevoli.
Sono soggetti molto attivi, incapaci di riposarsi, di rimanere con le mani in mano, di rado soddisfatti per molto tempo e sempre in cerca di cambiamenti di fatti e di luoghi.

- Numero dell'Io 9

Sono intelligenti, attivi, filosofici e intuitivi.
Appartengono al regno dei profeti e possiedono una singolare mente telepatica. Hanno immaginazione fertile, alti ideali, e sono dotati di capacità poetiche o artistiche. Sono in genere dignitosi e piacevoli ma singolari ed estrosi.
Sono raffinati, cortesi, cordiali e di temperamento equilibrato. Si fanno facilmente degli amici e risolvono prontamente i problemi degli altri.

- Numero dell'Io 11

E' in numero del potere, del coraggio, del successo, dell'avventura, dell'impulso e dell'energia.

L'undici è il simbolo del potere, non del potere politico, bensì di una grande influenza morale, della capacità di esprimere alti ideali e progetti di interesse universale.

Sotto questo numero possono nascere dei geni, dei grandi inventori che però rischiano di avere idee così innovative, all'avanguardia con i tempi, che vengono rifiutate dalla società perché ritenute utopistiche e irrealizzabili.

La chiarezza di pensiero, la decisione e la concentrazione sono qualità che devono necessariamente svilupparsi per controllare l'irrequietudine che questo numero crea solitamente.

- Numero dell'Io 22

Sono persone molto sensibili ma la loro esagerata sensibilità può essere la chiave di molti problemi. Possono sfruttare la loro sensibilità, la loro creatività e immaginazione per realizzare cose grandiose nella vita, stando attenti però a non esagerare nelle idee.

Talora, infatti, sono vaghi nelle loro affermazioni; le loro menti afferrano l'andamento generale delle cose, ma in genere trascurano i particolari.

- Numero dell'Io 33

Personalità trascendentale, dotata di una capacità unica di saper entrare nelle menti degli altri e capire cosa pensano ancor prima che aprano bocca. Poteri medianici accentuati quindi che però devono essere messi al servizio della comunità e non devono portare a truffare, raggirare le persone che chiedono aiuto.

L'analisi del nome può essere approfondita con la costruzione di una griglia in cui si collocano le singole cifre del nome per analizzare le quantità di ciascun numero e la distribuzione dei numeri nelle varie caselle.

In ogni casella di una matrice 3×3 numerata come nella figura seguente, si evidenzia quante volte compare il numero corrispondente all'interno del nome.

1	2	3
4	5	6
7	8	9

Riprendendo l'esempio precedente:

Mario = 4+1+9+9+6 = 29
Rossi = 9+6+1+1+9 = 26

29+26 = 55 = 5+5 = 10 = 1

Numeri Mancanti: 2, 3, 5, 7, 8

Numero più frequente: 9, poi 1, poi 6.

Tutte le righe, le colonne, le diagonali e ogni singola cella hanno un significato ben preciso; inoltre tramite il grafico numerico è possibile individuare con più facilità:
- I numeri mancanti: sono le cifre dall'1 al 9 che non compaiono mai nel nome intero (nome + cognome).

Indicano le caratteristiche che mancano in una persona, ciò che necessita per completare la personalità.

- Il numero più frequente: è la cifra tra l'1 e il 9 che compare più frequentemente nel nome intero (nome + cognome). Al contrario dei numeri mancanti, rappresenta la caratteristica e la qualità che un individuo possiede in misura maggiore e che guida la sua vita.

Significato delle colonne

- La colonna 1, 4, 7 rappresenta il mondo materiale e indica i valori di base di cui l'individuo è dotato (linea del ventre). Questa linea caratterizza le persone con una forte consapevolezza della realtà materiale del mondo.
  Queste persone hanno una buona consapevolezza della propria identità: sanno chi sono, conoscono i mondo come appare loro, e sanno quanto possono ottenere dal mondo materiale.
  Quanto più debole è questa linea, tanto minore è l'attaccamento materiale.

- La colonna 2, 5, 8 rappresenta la linea emotiva e indica la comprensione emotiva degli altri, la sensibilità (linea del cuore). Questa linea delinea l'interazione con la mente conscia, i sensi e la mente inconscia. Una forte linea indica un individuo per il quale le emozioni giocano un ruolo conscio. Se questa linea appare debole, essa è indice di inibizione.
  A volte i sentimenti e le emozioni sono controllati consciamente. Quanto più forte appare questa linea tanto più essa rappresenta l'urgenza di esprimere i sentimenti senza controllo.

- La colonna 3, 6, 9 rappresenta la linea creativa e indica il pensiero, l'attività razionale (linea della testa).
Questa linea indica le risorse creative, dalla creatività personale a quella intellettuale e spirituale.
Una forte linea creativa non è indice della realizzazione delle proprie risorse creative, piuttosto della consapevolezza di queste capacità.

Significato delle righe

- La riga 1, 2, 3 rappresenta la linea del corpo fisico, la personalità individuale. La presenza di questa linea in un nome mostra quanto il mondo fisico rivesta importanza nella propria realtà. Ritroviamo qui sia le risorse personali dell'individuo sia l'espressione dell'identità personale.
Questa linea rappresenta pure il grado di consapevolezza del proprio corpo presente nell'individuo.

- La riga 4, 5, 6 rappresenta la linea intellettuale, la capacità organizzativa, l'attività nell'ambiente in cui si opera.
Questa linea indica quanto il processo intellettuale giochi un ruolo determinante nella vita dell'individuo.
Una linea forte con molti cerchi indica una persona che è consapevole del processo intellettuale e sa gestire questa forma di energia.
Una linea debole con pochi numeri indica una persona che si fida del proprio intuito.

- La riga 7, 8, 9 rappresenta la linea spirituale, la capacità di influenzare gli altri.
Questa linea indica una persona che ha forti risorse spirituali, auto-disciplina e un buon contatto con il proprio superconscio, oltre ad avere consapevolezza dei propri talenti innati.

Questa linea riflette il grado di apertura verso il proprio io interiore. Una linea spirituale debole rafforza il contatto con il corpo o con la mente.

Significato delle diagonali

- La prima diagonale 1, 5, 9 rappresenta la linea comunicativa e indica la qualità e le caratteristiche dei rapporti sociali.
  La comunicazione individuale dipende dalla robustezza di questa linea.
  Questa linea è da considerarsi debole per la semplice assenza di uno dei tre numeri.
  Eventuale difficoltà di comunicazione con se stessi si riflettono nella comunicazione con gli altri. Questa diagonale indica la qualità e le caratteristiche dei rapporti sociali.

- La seconda diagonale 3, 5, 7 rappresenta la linea dell'effettività e indica la qualità e le caratteristiche dei rapporti interpersonali.
  Essa descrive le risorse amministrative dell'individuo quale persona capace di autoimporsi dei limiti e di gestirsi con spirito di autodisciplina.
  La debolezza di questa linea indica che poca priorità viene data all'organizzazione.
  Questa diagonale indica la qualità e le caratteristiche dei rapporti interpersonali.

Il Numero della Quintessenza

La Quintessenza è l'essenza delle quattro funzioni individuali (Anima, Persona, Io e Destino), integrate in un insieme armonioso.

- Questo numero è un centro equilibratore, al quale possiamo riferirci per ritrovare il senso della nostra esistenza ed esprimere al meglio i nostri talenti.

Il numero della Quintessenza si ricava sommando tra di loro il numero dell'Io e il numero del Sentiero di Nascita, riducendo successivamente il ricavato a un'unica cifra.
Utilizziamo la solita tabella:

1	2	3	4	5	6	7	8	9
A	B	C	D	E	F	G	H	I
J	K	L	M	N	O	P	Q	R
S	T	U	V	W	X	Y	Z	

Numero dell'Io = Mario Rossi = 4+1+9+9+6+9+6+1+1+9 = 55 = 5 + 5 = 10 = 1

Sentiero della Nascita = Data di nascita completa = 16/1/1962 = 1 + 6 + 1 + 1 + 9 + 6 + 2 = 26 = 2 + 6 = 8

Numero della Quintessenza = 1 + 8 = 9

Si può anche usare la tabella sottostante per vedere le lettere dell'alfabeto associate a ciascun numero:
- A, J, S – 1
- B, K, T – 2
- C, L, U – 3
- D, M, V – 4
- E, N, W – 5
- F, O, X – 6
- G, P, Y – 7
- H, Q, Z – 8
- I, R – 9

Analizziamo il significato di ciascun numero.

- Quintessenza 1

Se è questo il vostro numero, otterrete grandi successi mediante i vostri sforzi costruttivi.
Vi sarà dato qualche aiuto, ma, nell'insieme, farete da solo.
Il numero Uno ritrova l'equilibrio volgendosi all'interno e cercando la forza dentro di sé.
Il suo compito è tenere la direzione, permettendo alla luce di illuminare il suo sentiero.

- Quintessenza 2

Se è questo il vostro numero, avrete molti alti e bassi durante la vita, ma con l'aiuto di parenti e di amici, avrete infine successo.
Raggiungerete la ricchezza se utilizzerete tutte le vostre facoltà.
Il numero Due ritrova l'equilibrio ascoltando il suo bambino interiore e gratificando i suoi bisogni.

E' importante concedersi un po' di tempo per dedicarsi a qualche attività piacevole: a volte può bastare un bagno caldo, un massaggio o una chiacchierata con l'amico del cuore.

- Quintessenza 3

Se è questo il vostro numero, sperimenterete con successo molte avventure. Le migliori cose della vita vi assisteranno nel raggiungere la meta delle vostre ambizioni.
Il numero Tre ritrova l'equilibrio sdrammatizzando e concedendosi il piacere di cui ha bisogno. Esprimere se stessi è terapeutico e l'Archetipo del Giullare può essere evocato in ogni momento, tramite la musica, il colore o la danza. La creatività è un veicolo dello spirito e coltivare un hobby aiuta il proprio personaggio interiore a rivelarsi.

- Quintessenza 4

Se è questo il vostro numero, avrete una vita utile, finanziariamente fortunata e onorevole. Scegliete con cura la vostra professione e fatevi avanti. Nulla può fermarvi se persistete.
Probabilmente acquisterete molti beni. Il numero Quattro ritrova l'equilibrio nella sua connessione con la terra, avvertendo la stabilità e la forza che derivano dall'essere saldamente radicato.
Un po' di esercizio fisico e una sana alimentazione possono contribuire al consolidamento delle basi. Coltivare la forza di volontà è fondamentale per il Quattro, che deve acquisire consapevolezza dell'energia di cui dispone.

- Quintessenza 5

Se è questo il vostro numero, resterete a lungo nel vostro stato. Guardatevi dagli accidenti e non fidatevi degli estranei.

La vostra vita avrà varie esperienze, alcune piacevoli altre molto scoraggianti.
Il numero Cinque ritrova l'equilibrio seguendo il suo istinto e lasciandosi trasportare dall'intensità del momento.
Per attivare l'Archetipo, occorre lasciarsi coinvolgere dalle persone e dagli eventi; magari partecipando a una festa, bevendo un cocktail, abbandonandosi alla danza o facendo l'amore con il partner.

- Quintessenza 6

Se è questo il vostro numero, non lasciatevi trasportare. Controllate le vostre emozioni e cogliete le opportunità che vi si presentano. Tendete a trascurarle.
Avrete successo se sarete vigilante e operoso.
Il numero Sei ritrova l'equilibrio scegliendo una strada che abbia un cuore e dedicandosi a ciò che ama. Questo significa lasciarsi guidare dalle affinità, allontanandosi da ciò che non corrisponde al proprio sentire. Rispettando la propria natura ci si allinea col destino e si è certi di fare la scelta giusta.

- Quintessenza 7

Se è questo il vostro numero, potete aspettarvi di raggiungere una posizione elevata nella vita.
La vostra luce brillerà a distanza e viaggerete molto.
Molti amici saranno attratti da voi.
Il numero Sette, tenuto conto della sua natura psichica, si sovraccarica facilmente e necessita di riposo per permettere alla sua aura di rigenerarsi. Questo equilibrio può essere ritrovato nel silenzio della natura o mediante qualche tecnica come ad esempio lo Yoga, il Tai-Chi, il training autogeno o la meditazione.

- Quintessenza 8

Se è questo il vostro numero, incontrerete spesso difficoltà finanziarie, ma in genere le supererete con esperienza e sagacia. La vostra vita sarà molto attiva.
Il numero Otto ritrova l'equilibrio confidando nella sua capacità organizzativa, coordinando le energie per realizzare i suoi ambiziosi progetti. La sua sfida consiste nell'imparare a tenere i piedi per terra, evitando di delegare agli altri le sue responsabilità, chiedendo in prima persona ciò di cui ha bisogno.

- Quintessenza 9

Se è questo il vostro numero, condurrete una vita molto utile e soddisfatta. Possedete molti talenti, siete ammirato dagli amici, e godete di un'ottima reputazione.
Il numero Nove ritrova l'equilibrio tramite la meditazione, la preghiera o il servizio disinteressato che può prestare agli altri. Il perdono e l'accettazione aiutano la mente a liberarsi dai vecchi schemi e favoriscono il contatto con l'Io superiore.
Il distacco è la chiave che permette al 9 di superare i limiti dell'Io.

- Quintessenza 11

Se è questo il vostro numero, condurrete una vita molto attiva, avrete successo in grosse imprese e raggiungerete un posto eminente nel vostro ambiente.
Sarete padrone del vostro destino e creatore della vostra fortuna.
Il numero Undici ritrova l'equilibrio fidandosi della sua intuizione e acquisendo consapevolezza che ogni accadimento è parte di un disegno superiore. Aprendo la mente per comprendere piani di realtà più elevati, egli diventa un canale che permette all'energia del cielo di scendere sulla terra.

- Quintessenza 22

Se è questo il vostro numero, le qualità inferiori della vostra natura potranno controllare la vostra vita, a meno che non vi sforziate per cambiarle. Evitate le macchinazioni e le imprese discutibili. Siate deciso in ogni progetto. Superate il cattivo umore.

Il numero Ventidue ritrova l'equilibrio sintonizzandosi con le energie guaritrici di madre terra.

Dedicarsi a uno sport all'aria aperta o lunghe passeggiate nella natura, sono attività vivamente consigliate al Ventidue, che per attitudine caratteriale tende a rifugiarsi nel lavoro, correndo il rischio di stressare il suo organismo.

I Cicli di Vita

In numerologia, la vita è divisa in tre cicli e quattro realizzazioni. I primi (i tre cicli) indicano le lezioni che siamo chiamati a imparare, i secondi (le quattro realizzazioni), invece, indicano ciò che possiamo realizzare.

- I cicli di vita hanno una durata di 365 lunazioni e corrispondono a 28 anni e 4 mesi circa.

Ogni ciclo porta con sé una lezione di vita, quindi, conoscere il ciclo in cui ci troviamo permette di leggere le esperienze secondo un unico filo conduttore: inoltre, i cicli di vita sono legati tra loro, quindi, conoscere la sequenza dei cicli permette di leggerli in un'ottica organica legandoli anche agli altri dati del tema numerologico specie in riferimento alle realizzazioni di vita, che sono quattro e hanno una durata di nove anni esclusa la prima.

I cicli di vita sono, quindi, tre e l'ultimo dura fino alla morte:

- **Ciclo Formativo**

Dura dalla nascita fino al ventottesimo anno di età.

- Il ciclo formativo corrisponde al mese di nascita ridotto a una cifra (eccetto 11).

E' il ciclo legato all'infanzia, all'adolescenza e alla formazione dell'individuo: questo dato è utile anche per i genitori che si trovano a educare i figli perché consente di comprendere le lezioni che i figli hanno scelto di vivere nella prima parte della loro esistenza.

Solitamente è il ciclo più difficoltoso, in quanto rappresenta il passaggio dall'infanzia alla maturità.

In questa fase saremo portati a conoscere chi siamo e ad affrontare diverse prove che ci permetteranno di crescere e svilupparci secondo le nostre doti e venire a conoscenza dei nostri punti deboli.
Se attraversati con consapevolezza, questi primi anni saranno le solide radici da cui fa crescere il nostro albero futuro.

- **Ciclo Produttivo**

Inizia a 29 anni e dura fino al 56esimo compleanno ed è il più importante in quanto rappresenta il corso produttivo dell'esistenza.
Il ciclo produttivo è legato alla vita professionale e al lavoro.
- Il ciclo produttivo corrisponde al giorno di nascita ridotto a una cifra (eccetto 11 e 22).

Possiamo ora davvero essere padroni del nostro destino, mettere a frutto ciò che abbiamo imparato fino adesso, realizzare il nostro scopo di vita, metterci in gioco e sviluppare al meglio le nostre potenzialità attraverso il lavoro, la costituzione di un nucleo familiare e ogni forma di crescita e sviluppo individuali.

- **Ciclo Conclusivo**

Inizia a 57 anni e prosegue per il resto della vita: è chiamato anche ciclo della mietitura.
- E' quello che ci accompagna fino alla fine dei giorni e corrisponde all'anno di nascita ridotto a una sola cifra.

È il momento di guardarci indietro e raccogliere i frutti del nostro raccolto.
Riposo e contemplazione sostituiscono l'azione del ciclo precedente. Sono gli anni che dove la saggezza maturata con l'esperienza può trovare piena fioritura per se stessi e gli altri: in

questa fase saranno accentuate le aspirazioni a livello spirituale e filosofico.

Ad esempio, per una persona nata il 15 dicembre 1962 si avrà:

- Ciclo formativo = mese di nascita ridotto a una cifra = 12 = 1 + 2 = 3.
- Ciclo produttivo = giorno di nascita ridotto a una cifra = 15 = 1 + 5 = 6.
- Cicli conclusivo = ano di nascita ridotto a una cifra = 1962 = 1 + 9 + 6 + 2 = 18 = 1 + 8 = 9.

I Cicli della realizzazione

I cicli della realizzazione sono quattro periodi, governati da un particolare Archetipo e rappresentano momenti della vita in cui si è in grado di realizzare i propri obiettivi attuali e imparare qualche lezione di vita.
Se si è all'inizio di un ciclo, questo può essere utilizzato come un mezzo predittivo per gestire il proprio futuro.
E' fondamentale comprendere quali risorse si hanno a disposizione per affrontare questi compiti e, infine, capire come prevenire gli ostacoli che potrebbero insorgere, qualora non si riuscisse a fronteggiare adeguatamente queste sfide.
Ogni ciclo rappresenta una specifica lezione su cui stiamo lavorando.

- Il primo ciclo dura dalla nascita a un età compresa tra i 30 e 35.
- Il secondo ciclo dura nove anni e va circa dai 30 ai 40 anni.
- Il terzo ciclo dura nove anni e si estende circa dai 40 ai 50 anni.
- L'ultimo ciclo rimarrà attivo per il resto della vita e comincia circa dai 50 anni in poi.

Possiamo, quindi, dire che, all'interno del nostro cammino vitale, le quattro fasi della nostra vita, si sviluppano:
- I Culmini.
- Le Sfide.

I Culmini

I culmini rappresentano i momenti della nostra esistenza nei quali realizzeremo gli obiettivi e impareremo lezioni di vita: se siamo all'inizio del culmine esso può essere usato come strumento profetico per dirigere il nostro futuro.
I Culmini seguono lo stesso andamento dei Cicli della realizzazione precedentemente esaminati: i Culmini, e le corrispondenti Sfide, rappresentano le quattro fasi principali della vostra vita.

- In generale, il numero del Culmine è considerato una forza benefica.

Per calcolare manualmente i Culmini bisogna ridurre a una sola cifra rispettivamente il mese, il giorno e l'anno di nascita.

- Il primo Culmine si ottiene sommando il mese e il giorno di nascita e riducendolo a una sola cifra.
- Il secondo Culmine si ottiene sommando il giorno e l'anno di nascita e riducendolo a una sola cifra.
- Il terzo Culmine si ottiene sommando il numero del primo Culmine e il numero del secondo Culmine e riduce dolo a una sola cifra.
- Il quarto Culmine si ottiene sommando il mese e l'anno di nascita e riducendolo a una sola cifra.

Ad esempio, per una persona nata il 15 agosto 1962, i Culmini saranno i seguenti:

- Primo Culmine
  8 (mese) + 15 (giorno) =
  8 + (1+5) = 8 + 6 = 14 = 1 + 4 = 5

- Secondo Culmine
 15 (giorno) + 1962 (anno) =
 (1+5) + (1+9+6+2) = 6 + (18) =
 6 + (1+8) = 6 + 9 = 15 = 1 + 5 = 6

- Terzo Culmine
 5 + 6 = 11/2

- Quarto Culmine (numero sfida)
 1962 (anno) + 8 (mese) =
 (1+9+6+2) + 8 = (18) + (8) =
 (1+8) + 8 = 9 + 8 = 17 = 1 + 7 = 8

Calcolando ora il Sentiero di Nascita, otteniamo:

(15) + 8 + (1962) =
1+5+8+1+9+6+2 = 32 = 3+2 = 5

Scriviamo il numero 36 e sottraiamo il numero del Sentiero di Nascita: 36 − 5 = 31.

- Questo numero rappresenta l'età nell'ultimo anno del Primo Culmine.
- L'anno successivo, a 32 anni, comincia il secondo Culmine, che termina all'età di 41 anni.
- Il terzo Culmine comincia l'anno successivo, a 42 e termina all'età di 51 anni.
- Il quarto Culmine inizierà a 52 anni e durerà fino alla fine della vita.

Il Primo Culmine che si verifica nella nostra vita avrà un effetto molto duraturo sul nostro atteggiamento e sulla nostra formazione, perché in un certo senso il carattere viene modellato

da questa prima prospettiva, anche perché non abbiamo esperienze precedenti con le quali paragonarla.
Molte persone tendono a considerare questo primo periodo come la loro vera personalità, in realtà non si tratta che di un inizio.

Le Sfide

Le Sfide si sviluppano durante i quattro cicli fondamentali della vita: esse rappresentano i limiti interiori, le qualità assenti, e, quindi, da sviluppare, le paure, gli handicap con cui dovremo fare i conti durante il periodo della loro influenza.
Se la vostra Sfida fosse uno dei Numeri Mancanti, potreste avere delle grosse difficoltà a imparare la lezione indicata da quel numero. Le età delle Sfide di una persona si ottengono con il seguente metodo:

- Da 36 sottraete il totale ridotto a una cifra del vostro Sentiero della Nascita: questa sarà la vostra età nell'ultimo anno della vostra Prima Sfida.
- La Seconda Sfida inizia il giorno del vostro compleanno nell'anno successivo e dura nove anni.
- Poi inizia la Terza Sfida che dura anch'essa nove anni.
- La Quarta Sfida dura per il resto della vostra vita.

Per calcolare manualmente i numeri Sfida, bisogna ridurre a una sola cifra rispettivamente il mese, il giorno e l'anno di nascita.
- Il primo numero sfida si ottiene dalla differenza tra il mese e il giorno di nascita (considerando il valore assoluto).
- Il secondo numero sfida si ottiene dalla differenza tra il giorno e l'anno di nascita (considerando il valore assoluto).
- Il terzo numero sfida deriva dalla differenza tra il primo e il secondo numero (considerando il valore assoluto).
- Il quarto numero sfida si ottiene dalla differenza tra l'anno di nascita e il mese di nascita (considerando il valore assoluto).

Ad esempio, per una persona nata il 15 agosto 1962, i numeri sfida saranno i seguenti:

- Primo numero sfida = 8 (mese) – 15 (giorno) = 8 – (1+5) = 8 – 6 = 2
- Secondo numero sfida = 15 (giorno) - 1962 (anno) = (1+5) - (1+9+6+2) = 6 – (18) = 6 – (1+8) = 6 – 9 = 3
- Terzo numero sfida = 2 – 3 = 1
- Quarto numero sfida = 1962 (anno) – 8 (mese) = (1+9+6+2) – 8 = (18) – (8) = (1+8) – 8 = 9 – 8 = 1

Calcolando ora il Sentiero di Nascita, otteniamo:

(15) + 8 + (1962) = 1+5+8+1+9+6+2 = 32 = 3+2 = 5

Scriviamo il numero 36 e sottraiamo il numero del Sentiero di Nascita: 36 – 5 = 31

- Questo numero rappresenta l'età nell'ultimo anno della Prima Sfida.
- L'anno successivo, a 32 anni, comincia la Seconda Sfida, che termina all'età di 41 anni.
- La Terza Sfida comincia l'anno successivo, a 42 e termina all'età di 51 anni
- A 52 anni inizia la Quarta Sfida, che durerà fino alla fine della vita.

I Numeri Personali

Accanto alle informazioni generali su personalità, destino, data di nascita di un individuo e numeri ombra, è possibile ottenere indicazioni su particolari anni, mesi e giorni, in modo da avere un'indicazione per particolari periodi della vita di ogni individuo e sulle loro caratteristiche.

La somma delle cifre di un determinato anno di nascita fornisce un numero che indica il valore "universale" di quell'anno; se, però, andiamo a considerare la data di nascita di un individuo e la rapportiamo, non all'anno di nascita, bensì all'anno in corso, otteniamo una personalizzazione delle informazioni attualizzata (in caso utilizzassimo un anno futuro potremo addirittura avere delle informazioni previsionali).

Questo vale ancor di più per il giorno e il mese dell'anno in corso, in quanto ciò ci permetterà addirittura di fare previsioni per il giorno e il mese che ci interessano.

Saremo, quindi, in grado di individuare quello che viene definito:

- Numero personale dell'anno.
- Numero personale del mese.
- Numero personale del giorno.

Il Numero personale dell'anno

Il numero personale dell'anno in corso, identifica quale Archetipo è attivato in questi 12 mesi dell'anno.
Nella Numerologia, ogni anno della tua vita è parte di un modello di evoluzione che può essere descritto come un ciclo di nove anni. Questi cicli iniziano dalla tua nascita e si sviluppano progressivamente, attraverso nove anni che rappresentano un ciclo completo, per poi ricominciare.
Il ciclo inizia con un Anno personale 1, procede con un anno personale 2, e così via per la durata complessiva di 9 anni.
Ogni ciclo ha un particolare significato evolutivo che si distingue per le opportunità offerte e per le lezioni da trarre nel corso di tale periodo.

- Per calcolare il numero personale dell'anno bisogna sommare tra loro il giorno e il mese di nascita e al risultato sommare ancora il valore dell'anno in corso.

Per una persona nata il 15/4/1988 sostituiremo all'anno 1988 l'anno in corso (2022) ottenendo:

$$15/4/2022 = 1+5+4+2+0+2+2 = 16 = 1+6 = 7$$

Il numero 7 è il numero personale dell'anno scelto, in questo caso l'anno in corso.
Analizziamo il significato di ciascun numero.

- Numero personale dell'anno 1

Un anno di un nuovi inizi, adatto per stabilire nuovi obiettivi e strategie.

Se in passato avete concluso dei progetti o messo fine a delle situazioni, allora questo è l'anno giusto per ricominciare, per riprendere in mano le redini della vostra vita e andare verso nuovi lidi, sfruttando le nuove opportunità e occasioni.
Iniziare nuovi progetti durante quest'anno significa riuscire a vivere bene nei prossimi otto anni.
Bisognerà essere intraprendenti e attivi, tuttavia non troppo ostinati per non incorrere in delusioni. Sarà utile allargare il giro delle conoscenze.

- Numero personale dell'anno 2

Un anno di relazioni, di sensibilità e di cooperazione. Se nell'anno precedente avete seminato bene, potrete già iniziare a raccogliere i frutti concreti delle vostre iniziative e dei vostri progetti.
Molto importante sarà per voi trovare soci, collaboratori fidati necessari a portare avanti idee e progetti.
Cogliete le occasioni che vi giungeranno ma sappiate aprire gli occhi perché qualche persona potrebbe deludervi.

- Numero personale dell'anno 3

Un anno di creatività, di motivazione e di ispirazione. E' l'anno giusto se si vuole contrarre matrimonio.
Si avrà la possibilità di far emergere gli obiettivi a cui si mirava, ottenendo il riconoscimento dei propri meriti.
Il tre favorisce la capacità espressiva non solo verso gli altri ma anche con noi stessi quindi sarà possibile avere un bel confronto con noi stessi, chiaro, senza maschere per capire chi siamo e cosa vogliamo e ci porta poi a relazionarci con il mondo.

- Numero personale dell'anno 4

Un anno di duro lavoro, di disciplina, e di basi concrete. Possibilità di correggere la mira, se necessario, e di dare più sicurezza al futuro. Si accumulano risorse per gli altri anni a venire.
Anno della stabilità sia lavorativa sia affettiva. Anno in cui bisogna cercare di non sprecare le proprie energie inutilmente, facendo dunque attenzione a non cadere in stati depressivi e ansiosi.
E' un anno che richiede impegno costante dopo un anno più tranquillo legato alla vibrazione del tre.

- Numero personale dell'anno 5

Un anno di cambiamento, di libertà e di imprevedibilità. E' un anno di trasformazione, positivo, che darà frutti, portando nuovi amori, nuove amicizie e nuove conoscenze utili in ambito lavorativo. Ottimi saranno i rapporti con i figli. Voglia di vivere, di uscire, di stare con gli altri senza però tralasciare i propri impegni e i propri progetti, insomma non distrarsi.
E' un anno che vi permette di sperimentarvi in forme diverse, di provare cose nuove, viaggiare, imparare: di contro, potreste sentirvi senza punti di riferimento perché è davvero un anno di continuo divenire.

- Numero personale dell'anno 6

Un anno di responsabilità, di servizio e di dedizione. Possibilità di programmare e imbastire affari a lungo termine, di entrare in imprese importanti e di assumersi impegni anche onerosi.
Si costruisce per il futuro, quindi questo potrebbe essere un buon momento per cambiare casa.

Cercate di fare sport e di curare il vostro stato di salute che potrebbe richiede attenzione.

- Numero personale dell'anno 7

Un anno di contemplazione, di auto-consapevolezza, e di sviluppo spirituale. Possibilità di pensare un po' a noi stessi, di farsi un'autoanalisi e di raggiungere mete di tipo spirituale.
Si sta bene in solitudine, tuttavia bisogna uscire e non stare soli, allontanando il concetto di solitudine. Possibili liti con colleghi o soci in affari.

- Numero personale dell'anno 8

Un anno di risultati, di ambizione e di investimenti. E' l'anno in cui si possono concretizzare i propri progetti a livello degli affari e del denaro. Si possono risolvere i nostri problemi, si ha coraggio e grinta e ci possiamo attendere risultati tangibili.
Questo è un buon momento per gli investimenti, la vendita o l'acquisto di proprietà.

- Numero personale dell'anno 9

Un anno di completamento, di purificazione e di trasformazione. E' l'anno della riflessione. Porta a maturazione i germogli nati nel primo anno. Non ci saranno iniziative nuove, meglio godersi i risultati ottenuti, ma bisogna fare tesoro del ciclo che termina con quest'anno per affrontare nello spirito migliore il nuovo.
Se qualcosa non è andato bene negli anni passati, quest'anno servirà per tirare le somme e fissare nuove mete.

Riassumendo, possiamo sintetizzare il ciclo di nove anni come di seguito.
- Anno 1 - E' il momento di seminare.
- Anno 2 - E' il momento della germinazione.
- Anno 3 - E' il momento della crescita.
- Anno 4 - E' il momento di organizzare.
- Anno 5 - E' il momento di sperimentare.
- Anno 6 - E' il momento di fertilizzare.
- Anno 7 - E' il momento di aspettare.
- Anno 8 - E' il momento del raccolto.
- Anno 9 - E' il momento di fermarsi.

Il Numero personale del mese

Questo numero ci rivela che tipo di persone incontreremo e a quali esperienze andremo incontro nel mese preso in esame.
Mentre con il numero personale dell'anno si scandaglia, appunto, l'anno intero preso in considerazione, con questo si entra più nel particolare, visto che ci dà la possibilità di analizzare l'anno mese per mese.
Il numero del mese personale si ottiene sommando il numero personale dell'anno trovato precedentemente con il mese che ci interessa.

Per una persona nata il 15/4/1988 avevamo ottenuto come numero personale dell'anno (2022):

15/4/2016 = 1+5+4+2+0+1+6 = 16 = 1+6 = 7

Se ci interessa fare previsioni per il mese di luglio, dobbiamo semplicemente fare:

7 + 7 = 14 = 1+4 = 5

Il numero 5 è il numero personale del mese scelto.

Analizziamo il significato di ciascun numero.

- Numero del mese personale 1

Mese adatto a iniziare nuovi percorsi.
Il mese 1 è il più adatto per sperimentare nuove tattiche e nuove idee: ma prima di dare il via alle operazioni, siate ben sicuri di ciò che fate.

Seguite tutte le piste possibili: avrete tempo in seguito per abbandonare quelle che si dimostreranno insoddisfacenti.

In un mese personale 1 è facile sentirsi portati a un'ostinazione stupida e ingiustificata: occorre sostituirla con giudizi motivati e attenti. Fidatevi del vostro intuito.

- Numero del mese personale 2

Il mese 2 è adatto per intavolare negoziati e ristabilire relazioni amichevoli dimenticando eventuali contrasti del passato.

Non affrontate le situazioni di petto, sono preferibili tattiche più accorte e sottili, che non forzano gli eventi ma ungono le ruote facilitando il funzionamento dei meccanismi arrugginiti: intensificate i contatti con amici e persone influenti.

Vincete la tendenza allo scoraggiamento. Non abbandonatevi a pensieri cupi e ad accessi di malinconia.

- Numero del mese personale 3

E' uno dei mesi più piacevoli del ciclo di nove, un mese in cui le vostre idee e progetti possono trovare sbocchi fortunati.

Il consiglio migliore che si possa dare è quello di sfruttare ogni occasione per mettere in evidenza positivamente la propria personalità e i propri talenti personali.

Tendenza a spendere senza misura e ad indulgere in stravaganze di comportamento.

Facilità a cedere ai piaceri dei sensi e a cadere in eccessi.

- Numero del mese personale 4

Nel mese personale 4 contano soprattutto i fatti, quindi non contate sulla possibilità di correggere certe situazioni basandovi semplicemente sulla simpatia e la forza di convinzione.

Amerete il calore della vostra famiglia e cercherete l'affetto di genitori, nonni, fratelli e sorelle.
La prima cosa da combattere è la mancanza di entusiasmo, che potrebbe far rinunciare ad occasioni preziose. Cercate inoltre di non abbandonarvi a pigrizia o negligenza.

- Numero del mese personale 5

Può accadere qualsiasi cosa e i cambiamenti sono all'ordine del giorno. In generale, non è il mese adatto per fare programmi a lunga scadenza o cercare cose stabili e durature, al contrario, è un ottimo mese per divertirsi. Uscite, andate a teatro o al cinema, iniziate a suonare uno strumento, fate shopping tenendo però sempre sotto controllo il portafogli.
E', quindi, un mese nel quale si potrà sprecare inutilmente molta energia e nel quale riuscirà difficile organizzarsi.

- Numero del mese personale 6

E' il periodo migliore per abbellire e arricchire l'ambiente in cui vivete. Il lavoro procede nel modo migliore e la famiglia e gli amici più stretti assumono un'importanza preminente.
Porre attenzione ai sintomi fisici che potrebbero indicare qualche problema di salute.
Una certa leggerezza d'animo potrebbe indurvi a rimandare o sfuggire certe responsabilità che, invece, vanno affrontate.

- Numero del mese personale 7

E' il mese adatto per affermare la propria personalità cercando di assumere atteggiamenti ricettivi e passivi, quindi state con gli altri e non rifiutate proposte di uscite. Buone le collaborazioni con altre persone e mese favorevole a incontri soprattutto d'amore.

Non cercate di affrettare gli eventi o di affrettarvi voi stessi: cercate invece il rilassamento e la pace dei sensi.

- Numero del mese personale 8

E' il momento di volgere la mente ai problemi economici e ai loro riflessi pratici immediati. Mese favorevole per tutto ciò che riguarda il denaro e gli investimenti, quindi intensificate gli affari, lanciate nuovi piani di vendita, aprite trattative.
Non lasciate che il timore di rimanere senza denaro paralizzi le vostre iniziative: fate bene i conti in anticipo e rischiate quanto potete permettervi.

- Numero del mese personale 9

E' forse il periodo più difficile del ciclo in quanto, essendo il mese finale, se avete seminato bene in quelli passati, avrete e vivrete un senso di benessere, di beatitudine, vi sentirete di aver raggiunto gli obiettivi. Se, invece, non è così, ne pagherete le conseguenze.
Un ciclo si è chiuso e se ne apre un altro ancora.

Il Numero personale del giorno

Questo numero ci indica giornalmente il nostro umore, cosa ci aspetta e come ci dovremo comportare.
Se questo numero è uguale a uno dei "numeri sfida" vorrà dire che in quel giorno ci dobbiamo attendere qualcosa di particolare, nel bene o nel male (positivo o negativo), comunque, se ci sono di mezzo affari o controversie legali bisognerà essere molto decisi.

- Il giorno personale è un numero dei più importanti, perché costituisce una guida per l'arco più ristretto dell'esistenza, cioè il ciclo fondamentale notte-giorno-notte.

Il numero personale del giorno si ottiene sommando il numero personale dell'anno e il numero personale del mese trovati precedentemente al giorno del mese di cui ci interessa fare le previsioni.
Riprendendo l'esempio precedente, avevamo:

Numero personale dell'anno = 7
Numero personale del mese = 5

A questo punto sommiamo a questi due numeri il giorno del mese che ci interessa, ad esempio il giorno 25 del mese di aprile, ottenendo:

7+5+2+5 = 19 = 1+9 = 10 + 1+0 + 1

Il numero personale del giorno è il numero 1.

Analizziamo il significato di ciascun numero.

- Numero del giorno personale 1

E' il giorno in cui si inizia effettivamente il lavoro ed è quindi importante avere piena fiducia in se stessi in quanto un atteggiamento esitante creerebbe disarmonie con il numero di questo giorno. Gettate, quindi, le basi per nuove attività, esponete nuove idee, fornite suggerimenti.
Questo è il giorno migliore per chi deve lanciarsi in imprese del tutto nuove.
Nel giorno 1 si cade facilmente in preda all'irritabilità, specie se per qualche motivo si incontrano ostacoli imprevisti ai propri piani. Cercate di rilassarvi, perché con l'impazienza non arrivereste a nulla.

- Numero del giorno personale 2

Cercate di non mettervi troppo in mostra e osservate quel che capita intorno, raccogliete informazioni, dati e novità per rivedere i dettagli delle azioni iniziate nel giorno 1 e apportando le opportune modifiche.
Attenti a non causare contrasti per imporre a tutti i costi le vostre opinioni: il giorno 2 non è il più adatto per affermare la propria personalità.

- Numero del giorno personale 3

Afferrate al volo tutte le occasioni che vi si presentano, non preoccupatevi eccessivamente di quello che pensano gli altri, questo giorno sottolinea gli aspetti positivi della personalità ed evoca un'atmosfera di vivacità e allegria.
Cercate di non sentirvi tristi, frustrati, sconfitti, debilitati, sono atteggiamenti in disarmonia con il giorno.

-

- Numero del giorno personale 4

Non tenete un comportamento troppo stravagante o non in linea con la vostra personalità abituale, in quanto verrebbero a crearsi delle disarmonie. Questo è un giorno ottimo per le operazioni di riordino, su piccola come su grande scala, il periodo migliore per sbrigare il lavoro rimasto in arretrato.
Amerete stare tra le vostre mura domestiche con i vostri familiari.

- Numero del giorno personale 5

Giornata da dedicare al divertimento lasciando da parte il lavoro e le responsabilità. E' il giorno migliore per lanciarsi in società, giacché in nessun altro momento del ciclo sarà maggiore la vostra carica di attrattiva personale.
E' possibile che durante la giornata nasca una certa irritabilità, frutto della tensione nervosa: cercate di dominarvi, non balzate immediatamente a conclusioni avventate.

- Numero del giorno personale 6

Dopo il divertimento viene di nuovo il momento di assumersi le proprie responsabilità. Se avete delle decisioni da prendere che riguardano i rapporti familiari o nell'ambiente di lavoro, scegliete il giorno 6, nel quale il vostro giudizio sarà più equilibrato e più portato a valutare esattamente il comune interesse.
Buoni i rapporti con i colleghi.
Darete più attenzione al vostro corpo e ai segnali che vi manda.
Non scegliete questo giorno se dovete inviare proteste ufficiali, lamentele o richieste di danni, sono azioni in disarmonia con il 6.
Evitate anche di causare attriti e contrasti, perché potrebbero risolversi a vostro danno.

- Numero del giorno personale 7

E' un giorno ottimo per incontrare persone per le quali si prova affinità spirituale, con le quali dare inizio ad attività che stimolino la sfera intellettuale. Qualche incontro che vi farà battere il cuore.
Non cercate di fuggire alla routine dandovi ai piaceri sensuali: il giorno 7 non è il più adatto.
Evitate lavori o impegni che esigono rapidità di esecuzione.

- Numero del giorno personale 8

E' un giorno in cui concentrarsi sui propri affari, studiando le possibilità di migliorarli. Le occasioni di guadagno che si presentano nel giorno 8 di solito sono, infatti, di solito propizie.
Avete quasi un istinto medianico oggi che vi farà intuire qualcosa, quindi, non tralasciate queste intuizioni che potrebbero essere vincenti. Valutate attentamente anche le offerte di collaborazione. Evitate l'indolenza: è un atteggiamento che non si concilia con gli influssi della giornata. Non temete eccessivamente per la sorte del vostro denaro: fate i conti e rischiate quanto è necessario.

- Numero del giorno personale 9

Non esitate di fronte a decisioni da prendere. Curate a fondo tutti i particolari relativi ai vostri impegni e non fatevi frenare dall'indolenza. Cercate di apparire risoluto e deciso.
E' la giornata ideale per mettere termine ad attività lasciate in pendenza, piuttosto che a iniziarne di nuove; riposatevi quindi perché da domani si ricomincia.

Il Numero Fortunato

A ogni nome di battesimo corrisponde un numero fortunato secondo il cosiddetto "Metodo della Piramide": il procedimento per calcolarlo è molto semplice.

- Si associa a ogni lettera dell'alfabeto un numero (A=1, B=2, C=3, D=4, E=5, ecc.).
-
- Se il numero supera 10 si considera solo l'unità; ad esempio, 16=6, 12=2, 14=4, ecc.).

Il "Metodo della Piramide" si basa sull'alfabeto internazionale, per cui:
- A=1
- B=2
- C=3
- D=4
- E=5
- F=6
- G=7
- H=8
- I=9
- J=10 - si considera solo l'unità 0
- K=11 - si considera solo l'unità 1
- L=12 - si considera solo l'unità 2
- M=13 - si considera solo l'unità 3
- N=14 - si considera solo l'unità 4
- O=15 - si considera solo l'unità 5
- P=16 - si considera solo l'unità 6
- Q=17 - si considera solo l'unità 7

- R=18 - si considera solo l'unità 8
- S=19 - si considera solo l'unità 9
- T=20 - si considera solo l'unità 0
- U=21 - si considera solo l'unità 1
- V=22 - si considera solo l'unità 2
- W=23 - si considera solo l'unità 3
- X=24 - si considera solo l'unità 4
- Y=25 - si considera solo l'unità 5
- Z=26 - si considera solo l'unità 6

Infine si scrivono le cifre relative alle lettere del proprio nome come di seguito:

C	A	R	L	A
3	1	8	2	1

A questo punto si sommano la prima e la seconda cifra e si scrive il risultato nella riga sottostante; si ripete il procedimento con la seconda e terza cifra e così via.
Anche in questo caso se la somma supera 10 si considera solo l'unità (tranne nella penultima e ultima riga).

C	A	R	L	A
3	1	8	2	1
	4	9	1	3
		3	0	4
			3	5
				8

1° Riga - nome

2° Riga - numeri corrispondenti al nome
3° riga - somma
4° Riga - somma - in questo caso 9+4 = 13 quindi si considera solo l'unità 3, e così via.

Numero Fortunato = 8.

La Data Fortunata

Questa ricerca ci porta a determinare il giorno più o meno favorevole nella sequenza numerologica da 1 a 9, per individuare con esattezza un determinato giorno che sia particolarmente propizio per un'attività ben precisa e nei confronti di un determinato individuo.

Per una tale determinazione occorre mettere a fuoco con maggiore precisione la persona interessata e fare un esame numerologico prendendo in considerazione:

- La data completa che ci interessa individuare.
- Il Numero dell'Io: somma delle vocali e consonanti del nome e del cognome.
- Il Numero della Realizzazione: somma completa dell'intera data di nascita.

Riducendo successivamente il ricavato a un'unica cifra.

Il responso ci dirà se quel giorno particolare sarà, per un determinato individuo, fausto o infausto in relazione a un determinato tipo di attività.

Supponiamo di voler sapere se il 18 dicembre 2022 sarà per noi un giorno fortunato o meno.

- Anzitutto calcoliamo il numero legato a questa data. Si avrà:

$$1+8+1+2+2+0+2+2 = 18 = 1+8 = 9$$

- Al numero così ottenuto si aggiungerà il Numero dell'Io, supponiamo sia 5

- Infine si aggiungerà il Numero della Realizzazione, supponiamo sia 4

Si avrà: $9 + 5 + 4 = 18 = 1 + 8 = 9$

Il sarà, quindi, la cifra che esprime per voi, e soltanto per voi, il significato della data 18 dicembre 2022.

Analizziamo il significato di ciascun numero.

- Data Fortunata 1

Opportunità concrete.
Il numero Uno è favorevole all'inizio di nuove imprese, alla ricerca di avanzamenti di carriera, a vantaggi commerciali, insomma, a qualsiasi cosa che abbia modo di tradursi in effetti immediati e pratici.
Questioni legali, contratti, trattative e problemi analoghi potranno andare favorevolmente in porto in una data Uno, a patto che si tratti di transazioni che richiedono accordi rapidi e precisi.
Il numero Uno, infatti, è in disarmonia con tutto ciò che è instabile o evasivo.

- Data Fortunata 2

Data favorevole alle mediazioni e alla ricerca di compromessi. Questa data sarà utile per soppesare i problemi, considerare i pro e i contro, formulare piani e prendere decisioni che non richiedono azione immediata, in quanto al Due sono legati influssi non tutti positivi e quindi è meglio rimandare a un altro giorno le operazioni importanti.

Viceversa, la data è favorevole alle mediazioni, agli arbitrati, alla ricerca di compromessi per conto d'altri.

- Data Fortunata 3

Ssoluzioni positive.
Data favorevole per sistemare definitivamente le questioni difficili che devono essere risolte in un'atmosfera di concordia e serenità. Se dovete creare un'occasione di svago, è opportuno fissarla per questa data, che favorisce gli incontri con quanti abbiano per scopo attività ricreative.
Non è, comunque, data da dedicare a un singolo problema, perché ciò significherebbe contrastare la multi-formità dei suoi influssi fondamentali.

- Data Fortunata 4

Prudenza e concentrazione.
Data contraria all'inizio di imprese importanti, non favorevole alle operazioni d'affari e agli azzardi finanziari.
Favorite le attività che richiedono applicazione intensa per tutta la loro durata, o il confronto con prospettive sgradevoli.

- Data Fortunata 5

Data migliore per iniziare viaggi, cambiare prospettive, cominciare nuovi progetti, o, comunque, per lanciarsi in tutto quanto è originale o fuori del comune, tipo progetti estrosi o controversi.
Le operazioni "normali" è bene rimandarle a un altro giorno.
Al contrario è una data sfavorevole per troncare vecchi legami, concludere cose pendenti da tempo.

- Data Fortunata 6

Sono favoriti i progetti e le iniziative che comportano armonia con gli altri e con se stessi, le occasioni di incontro, evitando beninteso le polemiche e le controversie.
Quindi, data in cui evitare assolutamente il sorgere di contrasti, tutto si risolverebbe a vostro danno.

- Data Fortunata 7

Data in cui evitare le attività che richiedono prontezza di riflessi e rapidità di esecuzione, mentre ci si può concentrare all'approfondimento di questioni già iniziate che richiedono altro lavoro prima di poter essere concluse. In pratica, una data di approfondimento, meditazione e riflessione.

- Data Fortunata 8

In questa data possiamo prendere decisioni cruciali per risolvere le questioni veramente importanti. Data ideale per fissare incontri con persone autorevoli, per sottoscrivere impegni lunga scadenza o che comunque avranno un notevole peso nel nostro futuro.

- Data Fortunata 9

Data ideale per avviare progetti di vastissima portata, per pianificare operazioni ampie e complesse, per assumersi importanti responsabilità nei confronti di altre persone. Se cercate il successo, approfittate di questa data per mettervi in mostra.

La lettera iniziale del nome

I numerologi ritengono che ogni lettera dell'alfabeto abbia un suo particolare carattere, che può essere meglio descritto associandola a un valore numerico, che semplifica i calcoli.
Ogni lettera di una certa parola contribuisce ad aggiungere un particolare aroma o colore che contribuisce a chiarirne il significato: specialmente quando la lettera è l'iniziale dalla parola o è ripetuta molte volte nella parola stessa.

- La lettera iniziale di una parola, consonante o vocale, è quella che contribuisce maggiormente a rivelare il reale significato del nome.

La lettera iniziale di una parola, consonante o vocale, è quella che contribuisce maggiormente a rivelare il reale significato della parola o del nome.

- Esiste una corrente di pensiero che associa a ognuna delle ventuno lettere dell'alfabeto italiano la corrispondente lamina degli arcani maggiori dei tarocchi.

In questo modo, la A risulta legata al Bagatto, la B alla Papessa e così via, incentrando il significato delle lettere su questa corrispondenza.
La carta che resta slegata a qualunque lettera è il Matto il cui significato divinatorio risulta piuttosto particolare e con più di un significato, risulta, infatti, la fine e il principio del mazzo allo stesso tempo.

- A equivale al numero 1

Coloro che si chiamano con un nome la cui iniziale è la A, tendono a essere vigili e audaci, sono creativi, hanno sempre idee originali e amano molto la natura.
Sono persone attente all'aspetto concreto della vita, pronte a superare ogni ostacolo con fermezza e caparbietà.
Nel suo significato negativo, A può essere eccessivamente critico nei confronti degli sforzi altrui. Si ritiene che il suono della vocale A abbia un significato ancestrale che può essere ritrovato nel suono dello sbadiglio e richiamerebbe la calma e il buon sonno.

- B equivale al numero 2

Rappresenta le reazioni emozionali. Coloro che si chiamano con un nome in cui iniziale è B sono persone amichevoli, compassionevoli alle quali piace l'ambiente domestico e riescono quasi sempre a realizzare i propri desideri.
Talvolta è pigra e si chiude in se stessa ma ha un forte bisogno di sentirsi amata.

- C equivale al numero 3

Rappresenta l'energia.
Il nome che inizia per C appartiene a una persona molto ambiziosa che, però, nasconde anche una certa insicurezza. Persona riservata, creativa, con un'eccezionale attitudine alla sintesi e con un profondo sentimento di amicizia e sincerità verso chi stima. Nel suo significato negativo C può essere scrupoloso e inattendente ai bisogni altrui.

- D equivale al numero 4

Se è la prima consonante in un nome, la persona presenta un notevole senso e bisogno di ordine e giustizia. E' una persona contraddistinta da una pazienza quasi proverbiale e da una forte volontà di riuscire a risolvere, con efficienza, ogni problema.
Una volta che si è messo in testa quello che vuole fa qualsiasi cosa per conseguire i suoi propositi. E' una persona molto organizzata che pare abbia un vero e proprio pollice verde. È molto potente ed è la lettera associata agli affari.
Nel suo significato negativo, D può essere testardo e intransigente.

- E equivale al numero 5

Se è la prima vocale nel nome è segno di una persona libera, amorevole e carismatica. Il nome che inizia per E appartiene a una persona con una grande apertura mentale che gli permette di adattarsi a qualunque situazione, inoltre suscita un certo fascino attraverso i suoi discorsi e la sua gestualità.
Rappresenta amicizia, e passione, mentre nel suo aspetto negativo E può essere instabile e poco affidabile.

- F equivale al numero 6

Caratterizza persone dal cuore caldo, passionali e con la capacità di far stare meglio gli altri. Il nome che inizia per F appartiene a una persona che ama l'armonia in tutto ciò che la circonda, ha una fortissima personalità che gli permette, spesso, di imporsi e farsi notare con gran facilità.
Oltre ad aver fortemente sviluppato il senso dell'intuito, ha un altra virtù, la fedeltà nell'amicizia e nell'amore.

Quando è la prima consonante in un nome, essa porta le vibrazioni di una persona molto protettiva, mentre nel suo aspetto negativo F può portare un senso di malinconia.

- G equivale al numero 7

Quando è la prima consonante in un nome, la persona tende a essere intuitiva, colta e in qualche modo solitaria. Il nome che inizia per G appartiene a una persona perspicace e ostinata, che talvolta tende a rimuginare il passato e che per questo può chiudersi in se stessa. Ama la cultura nei suoi diversi aspetti e il lavoro che le dà spesso molte soddisfazioni.
Negativamente le G detestano ricevere consigli dagli altri, anche se migliori.

- H equivale al numero 8

Quando è la prima consonante in un nome, la persona tende ad avere successo negli affari. Rappresenta la creatività e la forza, mentre nel suo significato negativo H può essere assorta ed egoista.

- I equivale al numero 9

Il nome che inizia con I appartiene a una persona estremamente romantica, forse poco pratica ed eccessivamente riflessiva, ma che ha le qualità necessarie per poter essere un ottimo insegnante. Rappresenta la giustizia, e generalmente è sensitiva, compassionevole e umana, mentre nel suo lato negativo, la I manca di autostima e si arrabbia facilmente.
Il suono della vocale I sarebbe legato alla stabilità corporea e alla postura: pare, infatti, che il suo suono prolungato abbia impatto sul corretto allineamento della colonna vertebrale e, quindi, più in generale sia legato alla buona postura.

- J equivale al numero 1

Quando è la prima consonante in un nome, la persona possiede un incontenibile desiderio di insistere, resistere, di non mollare mai, fino a trovare il successo o l'opportunità giusta.
Questa lettera è veritiera, benevolente e intelligente, mentre nel suo significato negativo, J può essere pigra e smarrita.

- K equivale al numero 2

Quando è la prima consonante in un nome, la persona possiede un'intuitività che spesso non viene capita o compresa dagli altri.
È a volte molto sicura di sé e autorevole, altre volte piuttosto emotiva.
Nel suo lato negativo, K può essere insoddisfatta nella vita.

- L equivale al numero 3

Il nome che inizia per L appartiene a una persona con grandi capacità letterarie, che ama comunicare con gli altri e trasmettere tutte le sue sensazioni. Detesta qualsiasi forma di imposizione e limitazione tanto fisica quanto mentale. Rappresenta l'azione.
È' caritatevole e ben regolata, ma a volte può essere piuttosto soggetta a incidenti o scontri.

- M equivale al numero 4

Il nome che inizia per M appartiene a una persona ottimista e sorridente, che vive la vita in tutti i suoi momenti facendo dell'Amore la sua linfa vitale. E' una persona tradizionale in grado di adattarsi alle più disparate situazioni. Questa lettera tende a essere molto sicura di sé e aiuta nella realizzazione di un obiettivo di successo.

È anche una lettera diligente che può essere piuttosto stacanovista, mentre nel suo lato negativo, M può essere frettolosa e facile nell'arrabbiarsi.

- N equivale al numero 5

Il nome che inizia per N appartiene a una persona riflessiva che senza farsi notare riesce, piano piano, ad arrivare dove vuole perché ha una pazienza non comune. Non disdegna la conoscenza per tutto ciò che riguarda le arti magiche.
È intuitiva e comunicativa, ma nel suo aspetto negativo è predisposta alla gelosia.

- equivale al numero 6

Quando è la prima vocale nel nome, la persona ha un buon senso della famiglia ed è un buon studente. Il nome che inizia per O appartiene a una persona dotata di grande autocontrollo ed estremamente ambiziosa ma sempre ligia alle regole che rispetta fino in fondo. Nei suoi pensieri al primo posto ci sono sempre e solo le persone che ama.
Rappresenta, infatti, pazienza e rende particolarmente abili nello studio, mentre nel suo significato negativo O necessita di molto allenamento per ottenere il controllo delle proprie emozioni.
Il suono della O può essere denominato "farmacia vocale" in quanto avrebbe poteri taumaturgici: il suono, legato alle meditazioni orientali dell'OM, farebbe entrare in uno stato meditativo e le micro vibrazioni prodotte avrebbero potere di rilassare gli organi interni facendo trarre notevole beneficio a tutto l'organismo.

- P equivale al numero 7

Quando è la prima consonante in un nome, la persona è attratta dalle materie spirituali.

Il nome che inizia con la P appartiene a una persona molto indipendente e padrona di sé ma la cui praticità nell'affrontare la vita potrebbe essere ostacolata dalla sensibilità e talvolta insicurezza che cerca di nascondere il più delle volte isolandosi. Sa perfettamente discernere la serietà dalla frivolezza e per questo riesce a prenderla con filosofia, grazie anche a una certa solidità interiore.

Porta a un forte senso del comando e possiede molta conoscenza e saggezza, mentre nel suo significato negativo, P tende a racchiudersi in se stesso con una certa tendenza a immedesimarsi nelle preoccupazioni degli altri.

- Q equivale al numero 8

È una lettera misteriosa che in molti casi mostra zone che altrimenti sarebbero sconosciute. Negativamente, Q può essere estremamente noiosa. Rappresenta l'originalità.

- R equivale al numero 9

Quando è la prima consonante in un nome, la persona spesso agisce come riappacificatrice.

Il nome che inizia con la R appartiene a una persona con spiccate doti di comando, con tutte le qualità necessarie per poter mirare e raggiungere alti livelli in ambito lavorativo. E' una persona sensibile che tende ad amareggiarsi talvolta senza un ben precisa ragione.

È tollerante e umana ma ha la tendenza a diventare facilmente irascibile.

-
- S equivale al numero 1

Il nome che inizia per S appartiene a una persona solitamente ingenua, nella quale prevale l'istinto e l'estro, si presenta dunque una persona molto passionale e a volte possessiva.
Proprio per queste sue caratteristiche, il suo percorso lavorativo potrebbe essere segnato da alcune discussioni e contrasti, che però affronta sempre con molta onestà grazie alla solidità morale che la contraddistingue. Ha degli attributi molto attraenti e possiede un istinto di abbondanza o di ricchezza.
Negativamente, S può agire in modo impulsivo e crea forti sconvolgimenti nelle persone.

- T equivale al numero 2

Quando è la prima consonante in un nome, la persona ha una spiccata forza di volontà nell'aiutare le persone e tende a essere insofferente.
Il nome che inizia per T appartiene a una persona il più delle volte baciata dalla dea Fortuna, soprattutto per quanto riguarda le amicizie e gli amori che ha incontrato o incontrerà.
E' una persona molto calma, tanto calma da sembrare addirittura lenta in tutto quel che fa, tende ad avere poca fiducia nelle sue capacità che invece sono supportate da una buona dose di saggezza. È una lettera irrequieta che cerca risposte a questioni spirituali, mentre nel suo significato negativo, T è troppo emozionale e viene facilmente influenzata dalle opinioni degli altri.

- U equivale al numero 3

Quando è la prima vocale in un nome, la persona sa amare liberamente senza restrizioni. Il nome che inizia per U appartiene a una persona molto socievole e abbastanza abitudinaria, che ama essere adulata e corteggiate. E' una persona sostanzialmente prudente, che spesso si trova a dover decidere tra materialismo e idealismo.

Questa lettera rappresenta l'accumulo ed è considerata essere molto fortunata, mentre nel suo significato negativo, U può essere egoista, avida e indecisa. Il suo suono pare sia legato all'oscurità e al superamento delle paure ancestrali collegandosi all'ululare notturno del lupo che crea paura per il suo suono minaccioso, ma che poi non risulta particolarmente pericoloso per l'uomo in sé.

Il suono prolungato e ripetuto pare tenda a fluidificare il rapporto tra SE e SUPER IO.

- V equivale al numero 4

Il nome che inizia per V appartiene a una persona che ama molto lavorare in compagnia, esigente nel lavoro, con gli altri ma anche e soprattutto con se stessa, riesce non solo a pensare ma anche a fare le cose in grande. Nonostante abbia una certa capacità nell'affrontare le difficoltà, risulta, almeno inizialmente, abbastanza impressionabile. È una lettera lavorativa, instancabile ed efficiente. Nel suo lato negativo, V può essere imprevedibile.

- W equivale al numero 5

Nonostante questa lettera possa essere eccessivamente incantevole, possiede anche un'aurea di mistero.
Nel suo significato negativo, W può essere avida e tende a prendere troppi rischi.

- X equivale al numero 6

Questa lettera è sempre alla ricerca sfrenata del piacere e può facilmente cadere nella promiscuità e nell'infedeltà. Rappresenta la sensualità.

- Y equivale al numero 7

Rappresenta la libertà e non conosce freni di nessun tipo. Nel suo significato negativo, Y può essere indecisa e di conseguenza può farsi scappare molte opportunità nella vita.

- Z equivale al numero 8

Il nome che inizia con la Z appartiene a una persona con uno spiccato senso dell'intuito, che ama mettersi alla prova a volte unicamente per il mero piacere di vincere.
Dedita alla famiglia e alla casa, sembra orientata verso tutto ciò che ha a che fare con l'occultismo. Rappresenta la speranza nel riuscire a riappacificare le persone.
Nel suo significato negativo, Z può essere testardo e dovrebbe pensare prima di agire.

Il Giorno di Nascita

Analizziamo adesso in dettaglio le caratteristiche proprie del giorno in cui siamo nati, il nostro Giorno di Nascita, per individuare le opportunità professionali, le tendenze nella vita sentimentale e di relazione, le lezioni che ci offre di imparare.

- In questo caso sarà data una descrizione per ogni giorno del mese, da 1 a 31, senza effettuare la riduzione a una sola cifra, e ciò per ottenere un'analisi più accurata.

Se il Giorno della Nascita non sembra adattarsi alla persona, può darsi che i totali dei numeri principali abbiano un'influenza straordinaria: ad esempio, una persona nata il primo del mese può non proiettare una forte leadership se ha un Sentiero della Nascita del Due.

- Nati il giorno 1

Ambiziosi e impazienti sono sempre pronti ad affrontare i rischi, soprattutto quando pensano di poter vincere.

- Il segreto del successo è lo sviluppo di una posizione da leader che li indirizza in genere a un'attività in proprio.

In amore sono romantici, anche se preferiscono che l'attenzione sia rivolta a loro; punti deboli sono l'arroganza, l'egocentrismo e la mancanza di pazienza, sia nella vita lavorativa sia in quella sentimentale.

- Nati il giorno 2

Sono dei coordinatori nati, attenti ai dettagli, e preferiscono evitare i contrasti per quanto possibile, prendendo le decisioni dopo aver raccolto opinioni ed esperienze di altri.
- In amore e negli affari sono timidi per natura e hanno bisogno di una compagna molto vicina per essere felici.

Se rimangono da soli per troppo tempo tendono a sentirsi depressi: la troppa timidezza rischia di non riuscire a perseguire nuove opportunità.

- Nati il giorno 3

Perone brillanti e divertenti, spontanee e dotate di un eccellente senso dell'umorismo, amano il rischio e la competizione, potendo quindi rivolgersi verso un'attività autonoma, mal sopportando un'attività di routine.
- Attenzione a non esasperare il lato negativo arrivando a essere troppo egocentrici e spacconi.

In amore sono affascinanti e preferiscono partner di bell'aspetto e di buona posizione.

- Nati il giorno 4

Pratici, leali, pianificatori, sono ottimi lavoratori, dando molto valore ai legami familiari, e infatti, tenderanno a sposarsi giovani.
Il lato negativo è la troppa caparbietà (so tutto io) e inflessibilità nel fronteggiare cambiamenti inaspettati.

- Nati il giorno 5

Natura impulsiva e desiderio di esperienze sempre nuove. Sono nati per essere degli avventurieri ed esplorare il mondo, anche se segretamente temono di essere dispersivi.
Viaggi, spostamenti frequenti e cambiamenti di carriera contribuiscono tutti all'espansione delle loro capacità.
Non gli mancherà mai il lavoro perché si adattano a tutto con estrema facilità.
- In amore attraggono facilmente il sesso opposto, tuttavia lunga è la decisone di fermarsi con qualcuno.

La libertà ha un valore fondamentale.

- Nati il giorno 6

Non amano i cambiamenti improvvisi, i rischi li rendono nervosi e preferiscono mantenersi sempre su un terreno familiare.
Disposti a curarsi degli altri, creano armonia e sicurezza.
In amore raggiungono la felicità con qualcuno che dà alla vita di famiglia il loro stesso valore.

- Nati il giorno 7

Sono diversi, inventivi, spesso solitari, selezionano accuratamente le proprie amicizie e dedicano il proprio tempo allo sviluppo di interessi speciali.
- Successo nella carriera per merito della capacità di analisi, concentrazione e perseveranza.

In amore tendono ad annoiarsi facilmente, hanno pochi amici.

-

- Nati il giorno 8

Personalità forte e leale, sono nati vincitori, con capacità organizzative per raggiungere obiettivi elevati, risolvendo sempre problemi e ostacoli, per ottenere quanto desiderato.
- In amore preferiscono i partner con carattere amabile, disposti a farsi guidare e che condividono i loro valori.

Per contro, la rabbia e il linguaggio tagliente portano a generare forti tensioni, meglio ammorbidire le proprie idee.

- Nati il giorno 9

Generosi, molto emotivi, di sentimenti umanitari, si commuovono davanti alle disgrazie altrui.
- Lavorano per il benessere degli altri, sentendosi meglio quando possono contribuire a diffondere le proprie idee.

In amore sono estremamente affettuosi, generosi e fanno di tutto per perdonare: per contro, si arrabbiano per qualsiasi torto subito, mantenendo risentimento nel tempo.

- Nati il giorno 10

Amanti delle sfide, amano essere al centro dell'attenzione e hanno successo praticamente in tutto quello che fanno.
- In amore sono partner dominanti, mentre l'amicizia viene dopo la propria libertà.

Una caparbia ostinazione, non ascoltare le idee degli altri, o ignorare i propri sentimenti e le proprie intuizioni sono abitudini che possono limitare il successo.

- Nati il giorno 11

Sono molto attratti dalla bellezza, dalla natura, dalle idee e dai principi spirituali e sono sensibili all'ambiente che li circonda.
- Sono ottimi osservatori, attenti ai dettagli, e seguono il loro profondo desiderio di rendere il mondo più bello.

Si innamorano con facilità e con altrettanta facilità si lasciano, con la sensazione di non essere degni di essere amati: devono consolidare la fiducia in se stessi e dare più spazio ai propri bisogni.

- Nati il giorno 12

Creativi, versatili e allo stesso tempo impulsivi, hanno il dono di attrarre qualsiasi cosa desiderano.
L'avventura romantica e l'amore sono priorità assolute, soprattutto con partner sensuali, spontanei e con occupazioni insolite, con cui fare lunghi viaggi.

- Nati il giorno 13

Riescono sempre a stupire con la loro forza di carattere e la loro determinazione nel risolvere le difficoltà personali.
- Sono un'insolita combinazione di praticità, efficienza e creatività.

In amore preferiscono partner capaci di rallegrare il loro atteggiamento troppo serio e di farli rilassare, anche se tendono a cercare una persona che dipenda da loro.

- Nati il giorno 14

Brillanti, pieni di risorse, eccellenti nelle situazioni competitive, sono dei maghi a mantenere la loro vita sempre interessante, affrontando i rischi e godendo delle situazioni più estreme.
In loro esiste il desiderio di essere al centro dell'attenzione e di infrangere le regole.
Sempre pronti a far festa.

- Nati il giorno 15

Ambiziosi, coscienziosi e affidabili, sono le persone più amate e di successo cui si rivolgono familiari, amici e colleghi per avere consigli e appoggi.
- In amore preferiscono i partner indipendenti ma affettuosi e che condividono la maggior parte dei loro interessi.

Sono ben disposti verso il matrimonio, ma abbandonano la relazione se dovesse rivelarsi distruttiva.

- Nati il giorno 16

Attenti osservatori, sono dotati di una natura profonda e riflessiva volta alla ricerca continua di informazioni per ampliare la propria conoscenza.
In amore preferiscono le persone indipendenti, hanno scarsa tolleranza per la vita mondana ma restano sempre ottimi amici e conversatori: per contro, tendono a sottovalutare il valore dei sentimenti e hanno poca pazienza con ci ha a cuore il loro benessere.

- Nati il giorno 17

Vivaci e intelligenti, mal sopportano la routine, avendo la naturale abilità di riuscire a fare le cose senza rimanere intrappolati nella burocrazia.
Non amano trascorrere molto tempo negli ambienti mondani, coltivando amicizie di buon carattere e poco inclini a discutere.

- Nati il giorno 18

Dotati di un numero tale di qualità, non riescono a decidere in che direzione identificare la loro passione.
Sono leader naturali, ma devono imparare a difendere le proprie convinzioni. In amore, i migliori partner sono persone artistiche e molto affettuose.

- Nati il giorno 19

Amano le luci della ribalta, non seguono regole arbitrarie, sono intelligenti e tenacemente attaccati alle proprie opinioni.
- Non riescono a immaginarsi in una posizione subalterna e la massima soddisfazione gli deriva dalla posizione di consulenti.

In amore attraggono facilmente il sesso opposto e i migliori partner sono persone di talento, indipendenti e disposte a spostarsi spesso se la carriera lo richiede.

- Nati il giorno 20

Perone coscienziose, capaci di ascoltare con attenzione e dotate di ottima memoria, possono risultare piuttosto pignole.

- Hanno la tendenza a lavorare con lentezza e metodicità, lasciando che siano gli altri a riscuotere il successo dei loro sforzi.

In amore sono nati per vivere in coppia; una volta impegnati con qualcuno faranno qualsiasi cosa sia necessaria per mantenere la relazione.

- Nati il giorno 21

Cordiali, amichevoli, ottimisti e creativi, sempre ricercati dagli amici, amano dedicare il tempo ai loro divertimenti preferiti.
- Molto affettuosi e dotati di grande comicativa, sono persone con cui è facile andare d'accordo.

Per contro hanno la tendenza ad accontentarsi di raggiungere traguardi modesti, mentre potrebbero spingersi a coltivare un po' più di ambizione.

- Nati il giorno 22

Estremamente brillanti e visionari, sentono di avere una missione nella vita e si dedicano in toto a tutto quello che intraprendono.
- Hanno la capacità di aggiungere gusto, originalità e ordine a tutto quello che fanno.

Con il loro Numero Maestro del 22 eccelgono in qualsiasi cosa scelgono di fare, anche senza una preparazione specifica.

- Nati il giorno 23

Molto percettivi, hanno capacità di negoziazione eccezionali, riuscendo ad attrarre tutto quello che il loro cuore desidera.

- Coltivano le relazioni sociali, si mantengono in contatto con i colleghi e hanno voglia di entrare in territori sempre nuovi.

In amore faranno parecchi incontri prima di sistemarsi e, una volta sposati, saranno sempre appassionati.

- Nati il giorno 24

Responsabili negli affari e nella vita familiare, non amano avventurarsi nella competitività, preferendo la tranquillità della propria casa e della propria famiglia.
In amore preferiscono partner indipendenti, non ostinati, che condividono la maggior parte dei loro interessi.

- Nati il giorno 25

Sono persone terrene con una natura emotiva estremamente sensibile, fortemente intuitive, amanti dei cavalli, dei cani e della natura, desiderose di una vita semplice con radici spirituali.

- In amore i migliori partner sono quelli che condividono il loro interesse per gli animali e per la natura.

Sono tendenzialmente poco loquaci e tendono a tenere nascosti i loro pensieri e i loro sentimenti.

- Nati il giorno 26

Equilibrati, capaci di ascoltare, efficienti, sono molto apprezzati nel campo degli affari: sono nati con il dono di guadagnare denaro e costruire un patrimonio.

Matrimonio di successo con un partner della stessa estrazione sociale che condivide le loro ambizioni materiali, sempre se non cercheranno di fare e decidere tutto loro.

- Nati il giorno 27

Non sopportano ingiustizia, povertà, dolore e ignoranza in quanto sensibili a tutto ciò che li circonda.
- Sono intelligenti, autentici e appassionati.

Hanno molti amici di ogni genere e i migliori partner sono quelli che condividono la loro passione e che, inoltre, sono pratici, organizzati e incoraggiano i loro interessi artistici.

- Nati il giorno 28

Persone affascinanti, curate nell'aspetto, amano intrattenere gli altri trovando piacere nel sentirsi alla ribalta.
- Sono molto ambiziosi e spesso la loro vita professionale e sociale sono intrecciate.

Per contro, hanno la tendenza a prendersi molti impegni, a volte, forse, troppi.
Scelgono amici e partner che siano attraenti e pieni di talento, anche se tendono ad annoiarsi facilmente.

- Nati il giorno 29

Sono attratti dal mondo della spiritualità, dell'arte e da tutte le cose belle della vita.
- Sono molto sensibili all'ambiente che li circonda e lavorano meglio in un luogo tranquillo.

Sono nati per sostenere e ispirare gli altri. In amore, da una parte desiderano una compagna, ma dopo poco cominciano a sentirsi soffocati.
Se restano troppo isolati rischiano di cadere in depressione, quindi hanno bisogno di contatti amichevoli regolari.

- Nati il giorno 30

Non amano la routine, preferiscono portare avanti diverse cose contemporaneamente, sono sempre in cerca di occasioni di profitto e divertimento.
- Molto abili nel linguaggio e dotati di senso dell'umorismo, riescono a impadronirsi del palcoscenico in ogni occasione.

E' impossibile resistere al loro fascino, la compagnia non gli manca mai e i loro partner preferiti sono quelli che hanno una brillante vita sociale.

- Nati il giorno 31

Franchi, diretti, di sani principi morali, hanno energia creativa da bruciare.
- In amore instaurano relazioni drammatiche ma durature.

Sono attratti dai tipi creativi, disponibili ad appoggiare finanziariamente il partner finché non ha affermato il proprio talento. Per contro, devono fare ben attenzione agli amici egocentrici che vorrebbero approfittarsi della loro natura generosa.

Il Numero 1

Uno è il primo numero usato per contare e, quindi, gli è riconosciuto un grande potere: senza di esso non ci sarebbe il sistema numerico così come lo conosciamo.
Ogni sistema numerico che possiamo immaginare ha il suo punto d'inizio: spesso è visto come l'origine di tutte le cose e rappresenta la perfezione, l'assoluto e la divinità nelle religioni monoteiste.

- Una persona caratterizzata dall'Uno è un leader nato, colui che è predisposto a organizzare, a decidere; una persona precisa, indipendente, inventiva e ingegnosa.

Simbolo dell'Inizio, l'Uno è per eccellenza il numero dal quale fiorisce un'idea e rappresenta la forza nel perseguire intraprendenti iniziative personali.

- Questa caratteristica porta l'individuo ad affrontare e superare gli ostacoli disseminati lungo il suo cammino con determinazione e coraggio.

Una persona caratterizzata dall'Uno si identifica molto con se stessa.
Quando è immatura tende a muoversi senza riguardo verso gli altri e l'ambiente, mentre quando è più evoluta diventa un pioniere che indica la via ai contemporanei vincendo le proprie battaglie.
Conseguenza di ciò sarà un'elevata predisposizione a sperimentare, a sbagliare e a ritornare sui propri passi, dovuta alla costante e strenua ricerca della perfettibilità. Se perde la libertà diventa autoritario, dominatore, perfezionista, pesante, pedante con un eccessivo senso del dovere.

Ha successo come scrittore, direttore, presidente, figura pubblica, dirigente d'azienda, progettista.
Affinità con altri numeri:
- Discreta: 4 e 7.
- Ottima: 2 e 6.

Possiamo associare a ogni numero un pianeta, un segno zodiacale e un elemento fondamentale della vita sulla Terra.
Per il Numero 1 abbiamo:
- Segno Ariete.
- Pianeta Marte.
- Elemento Fuoco.

Come il pianeta cui si associa, questo numero dona grande energia, aggressività e spiritualità che vanno incanalata bene.
Rende desiderosi di imporsi ed esternare il proprio modo di essere. I numeri uno mostrano una forte individualità e godono di molta fortuna in ogni aspetto della vita.
- L'ambizione li porta a raggiungere posizioni elevate.

Qualità da sviluppare sono la tolleranza e la rinuncia.
Colore del numero 1: il Rosso.
- Vince la pigrizia.
- Favorisce la circolazione del sangue.
- Aumenta il calore interno del corpo.
- Combatte l'apatia.
- Efficace contro il raffreddore.
- Combatte la malinconia e la depressione, utile nei periodi in cui manca l'energia o ci si sente esauriti.
- Vince i primi sintomi del raffreddore.
- Sconsigliato nei casi di febbre, ipertensione, ferite, bruciori e infiammazioni.
- Pietre: rubino, diaspro rosso, granato.

L'archetipo del numero 1 è il Guerriero.
Il suo Numero Ombra è il Ribelle.
Il Ribelle, rappresentando il lato ombra del Guerriero, contraddistingue individui forti e determinati, che, tuttavia, nella loro identificazione con l'Archetipo, oscillano tra le opposte tendenze di coraggio e abnegazione, dubbio e insicurezza.

- La sfida: riconoscere con equilibrio il proprio valore.

Il Ribelle ha le stesse caratteristiche del Guerriero ma minate dall'insicurezza e dalla mancanza di autostima.
Anela al riconoscimento del suo valore da parte del prossimo, forse per un mancato riconoscimento da parte del padre, figura significativa per il guerriero i cui simboli sono il Sole e appunto il padre.
Esempio, un atteggiamento tipico del ribelle potrebbe essere quello di avere avuto un'idea, ma questa viene criticata o messa in discussione.

- Il Guerriero vaglia queste opzioni contrarie con attenzione e, se le ritiene prive di fondamento, spiega le sue ragioni e continua a realizzare il suo progetto, sicuro delle sue capacità.
- Il Ribelle, invece, non sopporta che il suo pensiero sia osteggiato, si oppone, magari con veemenza e poi lascia perdere tutto, abbandonando il progetto.

Rivedendo in seguito il suo atteggiamento, e ritenendolo una sua mancanza, si sente ancora più sfiduciato, andando a minare ulteriormente la sua autostima.

Può anche non riuscire a operare questa retrospettiva, aggravando la situazione con sospetti di manipolazione da parte degli altri: é proprio la difficoltà ad accettare i propri errori la sfida che dovrebbe affrontare l'Uno.

La mancanza all'introspezione può bloccare la sua sperimentazione e la paura di fallire può arrestare le azioni successive.

Il rimedio per riconoscere l'ombra è il "qui e ora", l'essere presenti a se stessi dona la capacità di rivedere la scena e riconoscere dove si è sbagliato per porvi rimedio.

Serve costanza e perseveranza ma coltivando questo atteggiamento la persona sarà presente nel momento in cui il fatto avviene e riuscirà a riconoscere il ribelle prima che agisca e combini guai.

Il Numero 2

Il numero Due rappresenta la dualità e l'unione di due elementi ergendosi, quindi, a simbolo dei rapporti relazionali, associativi e diplomatici. Il Due, inoltre, è considerato il numero della relazione di coppia caratterizzata da un elevato grado di intimità e partecipazione.

- Il Due rappresenta le polarità distinte quali bene e male, bianco e nero, maschio e femmina, destra e sinistra.
- Un polo non può esistere senza l'altro: questa idea di complementarità è meglio simboleggiata dal Tao Yin-Yang.

Le polarità possono anche creare conflitto e discordia.
La persona numero Due sente molto l'amicizia e l'amore.
E' comprensivo, sensibile, disponibile, volubile, amante dell'arte, della musica e vuole la pace con tutti.

- Se perde la libertà diventa eccessivamente passivo e diplomatico, egoista, buonista e molto dipendente dal giudizio degli altri.

Durante la propria vita, la persona del Due è alla continua e caparbia ricerca dell'armonia: questa attitudine è frutto della sua consapevolezza di far parte del tutto.
Uno degli elementi distintivi del Due è l'indecisione: questo perché le persone di questo numero sono portate a vedere il doppio aspetto di ogni cosa.
Il tatto e la gentilezza di cui è dotato, gli permettono di aiutare e di comprendere gli altri: infatti, in ambito lavorativo, è un collaboratore affidabile e preciso, con ottime qualità di analisi.
Ha successo come artista, tecnico, psicologo, coniuge, diplomatico, contabile, coordinatore.

- Nella valenza positiva, Due può essere considerato femminile, intuitivo e corrisponde all'istinto di protezione.
- Nella valenza negativa, Due può essere avido, soffocante e frustrante: l'aspetto frustrante è derivato dalla delusione e dall'insoddisfazione dello spirito umano a cui venga sempre negata la prima posizione.

Affinità con altri numeri:
- Discreta: 4 e 5.
- Ottima: 1, 6 e 8.

Possiamo associare a ogni numero un pianeta, un segno zodiacale e un elemento fondamentale della vita sulla Terra. Per il Numero 2 abbiamo:
- Segno Toro.
- Pianeta Venere.
- Elemento Terra.

Disegna una persona estremamente emotiva, sensibile e di buon cuore, ma anche molto volubile. Le persone 2 si mostrano pacifiche, amanti della giustizia, tenere, sensuali. Prediligono la poesia, la musica e l'arte.
I numeri psichici 2 dovrebbero praticare la meditazione, camminare o fare molto lavoro fisico o sport per vincere la loro innata agitazione mentale e imparare a essere più stabili.
Colore del numero 2: l'Arancione.
- Carica il corpo di energia
- stimola la circolazione del sangue.
- Utile contro la malinconia e per chi ha la tendenza a irrigidirsi e a prendersi troppo sul serio.
- Per il suo carattere gioioso, aiuta chi soffre di ulcere e calcoli.

- Efficace per l'espulsione dei gas dal corpo, può migliorare le funzioni del fegato ed e quindi adatto come coadiuvante contro l'alcolismo.
- L'arancione non è adatto a chi si irrita facilmente o soffre di stress.
- Pietre: corniola, occhio di tigre, pietra di luna.

L'archetipo del numero 2 è il Fanciullo.
Il suo Numero Ombra è l'Orfano.
L'Orfano rappresenta il lato ombra del Fanciullo e contraddistingue individui dolci e sensibili, che, tuttavia, nella loro identificazione con l'Archetipo, oscillano tra le opposte tendenze di disponibilità e romanticismo, ansia e distanza emotiva.
- La sfida: superare la paura e la dipendenza.

Il punto centrale di questa sfida è il bisogno della persona di sentirsi al sicuro e di veder riconosciuta la propria sensibilità.
- L'Orfano ha in sé la paura di restare solo e, perciò, la sfida che deve affrontare è la dipendenza e la paura dell'abbandono.

Il suo bisogno è avere sicurezza dall'altro: ecco perché il suo desiderio primario è appartenere a qualcuno.
Il timore di trovarsi da solo ad affrontare le difficoltà della vita, la crudezza della realtà e la spietatezza del mondo, possono spingerlo a cercare inconsciamente una relazione che sostituisca la figura materna, paura che lo porta a instaurare un rapporto di coppia di dipendenza affettiva, affinché possa sostituire la sicurezza che gli dava il rapporto con la madre, sia che il partner sia uomo o donna, tutto ciò inconsciamente.
Nel rapporto di coppia può essere evidente il suo bisogno, celato dall'impegno a essere di sostegno all'altro, ma solo per averne l'approvazione.

Questo può essere un indizio del disagio affettivo vissuto nell'infanzia per una madre o totalmente assente o troppo apprensiva, i due estremi che determinano l'insicurezza nel bambino.

Il rimedio è trovare in se stesso quella capacità perduta di avere fiducia in se stesso e nella vita con tutta la forza dell'esuberanza che ancora esiste ma che deve essere riportata a galla.

Metaforicamente, l'Orfano dovrà di nuovo imparare a camminare con le proprie gambe riscoprendo la meraviglia nel cammino della vita e l'equilibrio ritrovato.

Il Numero 3

Il numero Tre rappresenta il principio della crescita, quindi la creatività, l'espressione e lo sviluppo dell'intelligenza attiva, la capacità di usare il sapere acquisito e di creare modi di comunicare.

- La persona caratterizzata dal numero Tre è allegra, molto creativa, energica, estroversa, originale, con mille interessi, ama la buona tavola e i piaceri della buona compagnia.

Se perde la libertà diventa pauroso della solitudine, depresso, invadente, chiuso, egocentrico.

- Il numero Tre emana una profonda energia che si esplica in modo vivace, prolifico e appassionato.

Questo deriva dalla congiuntura della forza innovatrice del numero Uno con quella della capacità di sviluppo del numero Due. Tutto ciò sta a indicare che siamo in presenza di un forte flusso energetico che sollecita e accompagna l'immaginazione.
Le persone rappresentate dal numero Tre trovano la loro giusta dimensione nel rapporto con gli altri, condividendo idee, pensieri ed emozioni. Generalmente allegre, cordiali e con uno spiccato senso di umorismo, i numeri Tre hanno un innato potere di coinvolgimento riuscendo a contagiare le persone che ruotano intorno al loro mondo. Ha buon gusto innato ed è, perciò, portato per i settori della moda, del design o della pubblicità, e anche per tutte quelle attività a contatto con il pubblico, naturalmente non ama i lavori ripetitivi.
Per la simpatia e il buonumore che sa trasmettere agli altri è considerato un'amicizia preziosa, in compagnia è facilmente al centro dell'attenzione, con la sua socievolezza ed estroversione.

Giudicate, a volte, come persone frivole, sono spesso ricercate per godere della loro compagnia. Ha successo come allenatore, scrittore, musicista, artista, genitore, venditore, creativo, comunicatore.

Affinità con altri numeri:
- Discreta: 5, 6, 8 e 9.
- Ottima: 3.

Possiamo associare a ogni numero un pianeta, un segno zodiacale e un elemento fondamentale della vita sulla Terra. Per il Numero 3 abbiamo:
- Segno Gemelli
- Pianeta Mercurio
- Elemento Aria.

Dona vitalità e ottimismo: rende ambiziosi, attivi, esuberanti e molto fiduciosi.
- I numeri 3 hanno bisogno di grande attenzione.

Proprio per questo imparano naturalmente l'arte della conversazione e dell'umorismo. Sono brillanti e capaci di ricevere attenzione e affetto dalle persone grazie alla loro esuberanza. Devono imparare a occuparsi del prossimo in modo disinteressato.

Colore del numero 3: il Giallo.
- Rafforza il sistema nervoso e il cuore.
- stimola il funzionamento del fegato e favorisce la secrezione dei succhi gastrici.
- Può alleviare reumatismi, artrite e si rivela efficace nell'alleviare la rigidità delle giunture.
- Stimola i reni e attiva il sistema linfatico.

- Sconsigliato agli ipertesi e a coloro che soffrono di problemi di nervi.
- Pietre: topazio giallo, ambra, quarzo citrino.

L'archetipo del numero 3 è il Giullare.
Il suo Numero Ombra è lo Straniero.
Lo Straniero rappresentando il lato ombra del Giullare, contraddistingue individui estrosi e allegri, che tuttavia nella loro identificazione con l'Archetipo, oscillano tra le opposte tendenze di simpatia e apertura, negazione e invisibilità.
- La sfida: farsi comprendere dagli altri.

Il fulcro di questa sfida è incentrato sul bisogno del soggetto di ritrovare la sua identità, riconoscendo il suo diritto di essere amato per quello che è veramente.
Per trovare il suo posto nel mondo "lo straniero" diventa un abile trasformista e assume la maschera sociale che meglio si adegua alla necessità del momento.
Per piacere agli altri egli si identifica con le esigenze del suo prossimo, rischiando tuttavia di allontanarsi dal suo vero Io.
L'origine del problema è inerente all'attenzione ricevuta o meno da parte dei genitori nella prima infanzia. La tendenza a mettere il bambino al centro dell'attenzione, o al contrario a trascurarne le esigenze espressive, può provocare un senso di identità carente.
- Il timore principale del soggetto è di scoprirsi, ed entrare in contatto con il suo vuoto interiore.

Per evitare l'incontro con se stesso egli si cala in un'attività frenetica, rischiando di disperdere le sue energie. Nonostante possa coltivare mille interessi, rimane sempre in superficie e nel momento in cui si avvicina al suo nucleo problematico cambia obiettivo e direzione.

Il Numero 4

Il Quattro comanda gli elementi della terra.
Differentemente dai numeri Uno, Due e Tre, il Quattro, agendo sul livello pratico, ci educa a usare le nostre attitudini per poter realizzare ed esprimere ciò che in noi è più manifesto e solido.

- La persona caratterizzata dal numero Quattro è regolare, abitudinaria, responsabile, tradizionalista, intelligente e riservata, tenace, non perde mai il controllo di sé.
- Se perde la libertà diventa egocentrico, aggressivo, materiale, limitato nel giudizio, poco aperto alle novità, scettico, pesante, rigido, malinconico.

Il numero Quattro è la rappresentazione del senso pratico, della concretezza, e della costruttività delle idee intesa in senso tangibile.
Se si è sotto l'influenza del Quattro si è spinti ad agire nella consapevolezza di appartenere e operare in un mondo materiale.
Chi è caratterizzato dal Quattro tende a vivere la quotidianità e a coinvolgere in modo attivo altre persone in contesti sociali ben definiti.
Il Quattro è, in genere, conservatore e stimola a essere responsabili verso cicli della natura e ad avere rispetto per le tradizioni.
Ha successo come scienziato della terra, imprenditore immobiliare, avvocato, amministratore, impiegato d'ufficio, operaio, artigiano.
Affinità con altri numeri:

- Discreta: 1, 2, 6 e 8.
- Ottima: 4, 7 e 9.

Possiamo associare a ogni numero un pianeta, un segno zodiacale e un elemento fondamentale della vita sulla Terra. Per il Numero 4 abbiamo:
- Segno Luna
- Pianeta Cancro
- Elemento Acqua.

Il numero 4 rappresenta lo sforzo, la rinuncia, la stabilità, la capacità di portare a termine quello che ci si prefigge.
- Non sta mai sugli allori, niente gli viene facile, ma ha una grandissima forza di volontà.

Chi è contraddistinto dal numero 4 è una persona spesso legata alla sicurezze della casa, degli affetti e della materia, concreta, pragmatica, affidabile. Va ricercata soddisfazione nelle piccole cose della vita.
Colore del numero 4: il Verde.
- Benefico per il sistema nervoso, in quanto calma i nervi ed è utile per un miglioramento generico della salute.
- Favorisce l'eliminazione delle sostanze tossiche e agisce da astringente.
- Allevia la tensione e può abbassare la pressione del sangue.
- Ha un effetto rilassante e sedativo.
- Poiché influenza la struttura di base delle cellule, è un coadiuvante per curare cisti e tumefazioni.
- Agisce nella zona del torace ed è efficace contro asma, bronchite e raffreddore.
- Combatte l'emicrania e allenta la tensione.
- Non adatto a chi soffre di sonnolenza, apatia o per chi è eccessivamente sedentario.
- Pietre: smeraldo, giada, avventurina, malachite.

L'archetipo del numero 4 è il Costruttore.
Il suo Numero Ombra è il Prigioniero.
Il Prigioniero rappresenta il lato ombra del Costruttore e contraddistingue individui pratici e volitivi, che, tuttavia, nella loro identificazione con l'Archetipo, oscillano tra le opposte tendenze di lealtà e determinazione, pigrizia e intolleranza.

- La sfida: sviluppare fiducia nell'esistenza.

Il fulcro di questa sfida è incentrato sul bisogno del soggetto di creare attorno a sé stabilità e sicurezza, senza tuttavia barricarsi all'interno di schemi mentali rigidi e obsoleti.
Ciò che il Prigioniero deve riconoscere è il suo bisogno di realizzare nella sua vita una solidità che gli dona sicurezza ma non dovrebbe fossilizzarsi in schemi mentali rigidi.

- Il numero 4 è collegato alle necessità materiali della vita, ma la sua Ombra ne fa un bisogno maniacale, vive nell'ansia di non avere mai abbastanza per vivere e non assapora mai e mai è grato degli obiettivi raggiunti.

Tende a esagerare qualsiasi problema che per lui diventa una tragedia, sia un problema di salute o economico, si tratti del lavoro o della famiglia.
Inoltre, odia i cambiamenti, qualsiasi variazione gli genera apprensione e per questo rischia di rimanere prigioniero, in situazioni che non hanno più prospettive di sviluppo o in rapporti ormai spenti e consunti.

- Il problema di base sono le sue radici famigliari, che non hanno saputo infondergli la necessaria sicurezza interiore e che possono risalgono all'infanzia.

Diventare consapevole dei propri comportamenti e di quanto si discostino dai meccanismi insiti nella vita, dove il fluire con essa nella sua mutevolezza è vita e l'immobilismo è non vita, può essere d'aiuto a liberare il prigioniero dai limiti che si è autoimposto.

Il radicamento e la meditazione possono essere ottime pratiche di guarigione ma come in tutti i casi la presa di coscienza di se stessi è la base di partenza.

Il Numero 5

La sua collocazione centrale nella scala dei numeri da 1 a 9 fa in modo che la persona sotto l'influenza del numero Cinque sia indirizzata costantemente alla ricerca di nuove mete.
Il numero Cinque simboleggia un nuovo punto di partenza verso la ricerca, le passioni e la fortuna.

- La persona rappresentata dal numero Cinque è ingegnosa, passionale, non supporta le abitudini, ha bisogno di libertà, ama il rischio e l'avventura, vive intensamente e ha molto carisma.
- Se perde la libertà diventa eccessivo, inquieto, incapace di vedere i propri limiti, incostante, superficiale.

Attiva ed estroversa, la persona del Cinque tende a bruciare le tappe per raggiungere i suoi obiettivi ma è anche portata a vivere nuove esperienze. Inoltre, sprona a infrangere gli schemi convenzionali e precostituiti di comportamento a livello del vissuto.
Come un esploratore alla ricerca di nuove terre, le persone sotto l'influenza del Cinque sono alla continua ricerca della propria interiorità allo scopo di elevarsi dal punto di vista spirituale.
Il suo valore positivo o negativo è ben rappresentato dalla figura geometrica del pentagramma:

- Quando il pentagramma è dritto si identifica con l'uomo (stella a cinque punte), nella sua valenza positiva.
- Quando, invece, è capovolto, assume un valore negativo, attributo delle forze del male.

Ha successo come imprenditore immobiliare, speculatore, progettista, giornalista, mondo dello spettacolo, agente del cambiamento.

Affinità con altri numeri:
- Discreta: 2, 3, 4 e 8.
- Ottima: 5.

Possiamo associare a ogni numero un pianeta, un segno zodiacale e un elemento fondamentale della vita sulla Terra. Per il Numero 5 abbiamo:
- Segno Leone
- Pianeta Sole
- Elemento Fuoco.

Regala un carattere volubile e irrequieto. I numeri 5 sono amanti dell'umorismo, della sensualità e del divertimento e cercano sempre di rendere felici gli altri.
- Esprimono curiosità e dinamismo in tutto: sono grandi esploratori e ricercatori audaci e intuitivi.

Tendono a essere attratti dallo studio del corpo, delle arti teatrali, delle lingue, del viaggiare e dei processi di comunicazione. Sono spesso dediti al cambiamento come stile di vita. Devono ricercare la sobrietà.

Colore del numero 5: il Turchese.
- Aiuta a lenire gli stati infiammatori, come mal di testa, gonfiori, tagli, graffi e bruciature.
- Efficace per i problemi di pelle, come acne, eczema e psoriasi.
- Agisce sul sistema immunitario e svolge un ruolo protettivo contro batteri e virus.
- Aiuta a guarire la sinusite e l'affaticamento mentale.
- Non è raccomandato alle persone che si trovano in condizioni di inerzia o di attività limitate.
- Pietre: turchese, acquamarina, amazzonite.

L'archetipo del numero 5 è il Cercatore.
Il suo Numero Ombra è il Girovago.
Il Girovago rappresenta il lato ombra del Cercatore e contraddistingue individui fantasiosi e comunicativi, che tuttavia nella loro identificazione con l'Archetipo, oscillano tra le opposte tendenze di ricerca e motivazione, fuga e incostanza.

- La sfida: ristabilire un equilibrio tra cielo e terra.

Il fulcro di questa sfida è incentrato sul bisogno del soggetto di seguire il suo impulso alla ricerca e al cambiamento, senza tuttavia perdere il contatto con la realtà che lo circonda. La prova che il 5 deve affrontare è disciplinare la sua fantasia e curiosità; molto creativo e predisposto ai cambiamenti, ha la tendenza ad agire con leggerezza perdendo il senso della misura.
Questa ombra può impersonare l'avventuriero amante dell'ignoto che mette a repentaglio tutto pur di seguire il suo istinto, ma essendo un estremista rischia poi di sondare l'opposto, l'esagerazione nella ponderazione e nella concretezza.

- Nella sua incostanza, alterna momenti di sfrenatezza ad altri di inflessibile disciplina.

Il 5 ombra si identifica nell'eterno Peter Pan, non accetta il tempo che passa, e anche per questo ha difficoltà a mantenere una relazione di coppia a lungo e se lo fa non riesce a concentrarsi in un solo rapporto. Tutto ciò è sinonimo della mancanza di radici, egli rifiuta costrizioni per timore di perdere la propria libertà.
La sua leggerezza e incostanza gli fa iniziare molte imprese che di rado porta a termine.
L'essenza del problema di quest'ombra riguarda il rifiuto a mettere radici: la sua paura di crescere e di perdere la libertà, può tradursi in una personalità immatura e incostante.
Anche in questo caso si evidenzia l'importanza del radicamento, quali che siano le cause che determinano una carenza in tal

senso, porvi rimedio con esercizi di radicamento può essere un primo passo verso il miglioramento.

- Anche esercitare la forza di volontà, dedicandosi tutti i giorni, per un certo periodo di tempo, a un intento prefissato.

Diventare consapevole che ogni azione determina una reazione che influenza se stesso e il mondo intorno a lui; per cui guidato a riflettere e ponderare sulle conseguenze che producono certe iniziative.

Il Numero 6

Il numero Sei rappresenta l'equilibrio e l'armonia spirituale e fisica, compreso il senso dell'armonia musicale.
- La persona rappresentata dal numero sei è responsabile, diplomatica (perché ama la pace), cerca unioni amorevoli durature (ama molto la sua famiglia), ricerca l'armonia e l'equilibrio con se stesso, il mondo e la musica.
- Molto importante per il Sei è avere vicine le persone più care e sviluppare una cerchia di persone che possa fungere da supporto nei momenti di difficoltà.

Indispensabile invece è prendersi cura del prossimo, familiari in primis, e avere una vita di coppia stabile e sentimentalmente serena e appagante.
- Il luogo ideale del numero Sei è la casa che cura nei minimi particolari sfruttando soprattutto il suo talento artistico.

Se perde la libertà diventa dipendente, angosciato, con sensi di colpa e indolente.
- Denota perfezionismo in quanto le operazioni 1+2+3 e 1x2x3 lo danno come risultato.

La sua ambivalenza è rappresentata graficamente dalla stella a sei punte (Sigillo di Salomone) che permette di comprendere la contraddizione insita nel numero Sei.
- La stella a sei punte è formata dall'unione di due triangoli: quello con la punta verso il basso, indica la materialità, quello con la punto verso l'alto, invece, la spiritualità.
- Mentre la stella a cinque punte corrisponde alla dimensione microcosmica, all'uomo individuale, la stella

a Sei punte corrisponde alla dimensione macrocosmica, all'uomo universale.

L'interazione dei due triangoli è l'incarnazione dell'unione tra cielo e terra, tra la polarità maschile e la polarità femminile, generando l'armonia degli opposti: ma allo stesso tempo, indica l'oggetto e il suo riflesso, l'immagine speculare deformante.
Il Sei evoca la prova iniziatica, la scelta fondamentale che implica l'impegno attivo dell'iniziato a seguire la via dell'elevazione spirituale, senza disperdersi in illusioni.
- Numero che nell'antichità era consacrato a Venere, e considerato simbolo della bellezza e della perfezione.

Negli antichi Misteri era importante perché offriva le Sei dimensioni di tutti i corpi più quelle di altezza e profondità, ovvero i quattro punti cardinali sommati allo Zenit ed al Nadir.
Il Sei delinea il punto di arrivo o, se vogliamo, un traguardo o un obiettivo, una meta comunque, ben definita: per questo è indicato come simbolo della vita domestica resa stabile da un matrimonio o un legame forte e duraturo.
Ha successo come educatore, terapista, musicista, ristoratore, infermiere, consulente sanitario, allenatore.
Affinità con altri numeri:
- Discreto: 3, 4, 5 e 8.
- Ottima: 1, 2 e 6.

Possiamo associare a ogni numero un pianeta, un segno zodiacale e un elemento fondamentale della vita sulla Terra.
Per il Numero 6 abbiamo:
- Segno Vergine
- Pianeta Mercurio
- Elemento Terra.

Dona fortuna nelle questioni materiali e affettive della vita. Agiscono spesso perché mossi da motivazioni di amicizia e affettive. Sono vivaci, emotivi, sensibili, cortesi, amorevoli, disciplinati educati, socievoli. Sanno amare il partner, famigliari e amici con dedizione in qualsiasi circostanza e rifuggono le liti. Devono addestrarsi nel prendersi maggior cura di se stessi.
Colore del numero 6: il Blu.

- Ha un effetto rilassante e calmante ed è usato come coadiuvante per gli stati febbrili.
- Riduce il calore e l'infiammazione ed è efficace anche contro i colpi di sole.
- Diffonde la serenità e libera dalla tensione; utile per combattere emicrania, e tutti i disturbi alla gola, come raucedine, tosse e laringite.
- Si dice che le donne che soffrono di problemi mestruali, possono beneficiare del potere del blu, utilizzando camicie da notte e biancheria intima di questo colore.
- Anche i problemi della vista, possono essere coadiuvati con il colore blu.
- Non è indicato per il trattamento di paralisi, pressione bassa, malinconia, raffreddore e depressione.
- Pietre: Lapislazzuli, zaffiro, topazio blu.

L'archetipo del numero 6 è l'Angelo.
Il suo Numero Ombra è il Martire.
Il Martire rappresenta il lato ombra dell'Angelo e rappresenta il "genitore interiorizzato", predisposto ad aiutare gli altri a crescere e a evolversi.

- Il perno di questa sfida è il bisogno di offrire amore e sostegno agli altri, evitando tuttavia di ricalcare il solito modello di chi dona, senza mai ricevere nulla in cambio.

La tendenza del "Martire" è quella di calarsi nel ruolo di salvatore, che si sente sempre chiamato in causa a offrire il suo aiuto, anche senza che nessuno glielo abbia chiesto, a volte anche in modo inopportuno.

- L'origine del problema può essere riferito a delle carenze affettive in ambito famigliare.

Il Martire nel tentativo di compiacere il prossimo per averne l'approvazione, sacrifica continuamente una parte di se stesso e inconsciamente attira a sé persone con autostima carente e che all'interno di una relazione tenderanno a rivelarsi bisognose e di conseguenza dipendenti.

- La sfida è riconoscere in se stessi quest'ombra con le sue caratteristiche ed integrarla riportando l'equilibrio.

Avere consapevolezza di sé può essere l'unica via per integrare quest'ombra, riconoscerla e accettarla e in seguito comprendere come trasformare il proprio modo di porsi con se stessi e con gli altri.

E' primariamente utile riconoscere che il bisogno di intervenire nella vita degli altri è una vostra esigenza, per cui essere certi che il vostro aiuto sia stato veramente richiesto e se lo fosse dovrete accertare se è frutto di un'abitudine che voi stessi avete instaurato, dovrete correggere anche queste vecchie abitudini che avete dato a chi vi è vicino.

Il Numero 7

Il numero Sette simboleggia tutte le forme di ricerca, approfondi-mento e scoperta, la conoscenza e la ricerca mistica.
Sette è detto sacro in quanto la settimana è composta da sette giorni, nella Genesi la creazione è stata eseguita in sette giorni, l'antico sistema solare consisteva di sette pianeti, il corpo umano consiste di sette plessi o Chakra e qualche versione della Cabala è composta da sette sephirot.
Il Sette è il numero della piramide in quanto formata dal triangolo (3) su quadrato (4): quindi il Sette è l'espressione privilegiata della mediazione tra umano e divino.

- La persona caratterizzata dal numero Sette ha bisogno di autonomia e lo appassiona tutto ciò che è arte, filosofia e spiritualità.
- Solitario, giudizioso, preciso, introspettivo, il numero Sette, simbolo per eccellenza della ricerca mistica, rappresenta ogni forma di scoperta e conoscenza.
- Se perde la libertà diventa diffidente, perfezionista, orgoglioso, inflessibile, distaccato, chiuso, freddo.

Sotto l'influenza del numero Sette troviamo persone predisposte a vivere in gruppi spirituali, a seguire le dottrine della New Age o a intraprendere la carriera ecclesiastica, ma anche ad operare nel capo della ricerca.
Ha successo come consulente, professore, analista, psicologo, occupazioni legate allo studio della terra o del mare, libero professionista, osservatore.
Affinità con altri numeri:
- Discreta: 1 e 8.
- Ottima: 4, 7 e 9.

Possiamo associare a ogni numero un pianeta, un segno zodiacale e un elemento fondamentale della vita sulla Terra. Per il Numero 7 abbiamo:
- Segno Bilancia
- Pianeta Venere
- Elemento Aria.

Rende riflessivi, filosofici, religiosi. Sotto l'influenza del numero sette, le persone diventano estremamente sensibili ed emotive, sono loquaci e vivono di fantasia. Perciò possono incontrare un gran numero d'incomprensioni e d'insuccessi, pur riuscendo a trovare il modo di venirne fuori e di ricavarne un insegnamento morale. Devono imparare a essere più pratici.
Colore del numero 7: il Viola.
- Legato alle funzioni della ghiandola pituitaria, è utile contro i disturbi del sonno e gli scompensi nervosi.
- Efficace come purificatore del sangue, normalizza il battito cardiaco.
- Anche i polmoni, il fegato e i reni possono trarre beneficio da questo colore.
- Non è adatto per chi tende all'autocompiacimento o alla pigrizia.
- Pietre: ametista, sugilite, cristallo di rocca.

L'archetipo del numero 7 è il Saggio.
Il suo Numero Ombra è il Solitario.
Il Solitario rappresenta il lato ombra del Saggio e questo confronto è imperniato sulla necessità del 7 di ritrovare la fiducia nel prossimo per poter vivere apertamente le proprie emozioni e sentimenti; infatti nei rapporti interpersonali appare freddo e distaccato e lo è anche nei rapporti affettivi importanti.
- La sfida: ritrovare il contatto con le emozioni.

Sanando questa parte deve comunque fare attenzione a non cadere nel versante opposto dell'ingenuità.

L'archetipo del Solitario, attiva nell'individuo la tendenza al perfezionismo, che gli rende difficile accettare i limiti delle persone che lo circondano: è assillato dal desiderio di perfezione, ogni cosa nella sua vita è riferita a un modello ideale perfetto e dopo l'entusiasmo iniziale subentra in seguito l'amarezza della delusione, la perfezione non è di questo mondo.

E' per questo che il 7 tende a prendere le distanze dal mondo e a proteggersi dalla delusione con la corazza del dubbio e a causa di ciò può apparire addirittura scettico e sprezzante.

La sua costante dedizione alla ricerca gli fa assumere un'aria di superiorità ma invece nasconde un animo nobile e disinteressato che privilegia il sentiero del dogmatismo per evitare appunto la sofferenza. Quando il 7 riesce a superare i condizionamenti della mente razionale e si apre al mondo accettando la sua natura di Saggio, diventa un iniziato, colui che più è predisposto e può sondare e comprendere i misteri dell'esistenza.

Un esempio lo si può rilevare nello scettico, razionale assertore di dogmi scientifici che può cominciare a interessarsi improvvisamente a materie occulte o all'esoterismo.

Il Numero 8

Il numero Otto rappresenta il principio del controllo, della gestione del potere, sia materiale sia spirituale, e la capacità di ottenere risultati. È un'energia potente e realizzatrice, che diventa formidabile se collegata all'intuizione spirituale.

- La persona caratterizzata dal numero Otto è capace di realizzare i propri progetti, perseverante, orientato alla realizzazione che diventa straordinaria se collegata all'intuito.
- Il numero Otto è simbolo della capacità di raggiungere risultati duraturi e rappresenta la padronanza nel governare il potere, sia materiale sia spirituale.

Dotate di una forte volontà, gli Otto hanno la capacità di ambire a posizioni di prestigio. Un ciclo vitale dell'Otto induce le persone ad avere forti ambizioni, a voler accedere ai traguardi più alti, a guadagnare il successo materiale.

- In altre parole, l'Otto incarna il benessere materiale a cui l'uomo tanto ambisce.

Se perde la libertà, diventa vendicativo, materiale, avaro o dilapidatore, egoista, manipolatore, sospettoso, prepotente, impaziente, battagliero.
Ha successo come libero professionista in qualsiasi campo, dirigente d'azienda, editore, appaltatore, ingegnere, analista finanziario, giudice.
Affinità con altri numeri:
- Discreta: 3, 4, 5, 6, 7, e 9.
- Ottima: 2.

Possiamo associare a ogni numero un pianeta, un segno zodiacale e un elemento fondamentale della vita sulla Terra. Per il Numero 8 abbiamo:
- Segno Scorpione
- Pianeta Plutone
- Elemento Acqua.

Gli individui numero 8 sono laboriosi e accettano ogni tipo di sfida pur d'acquisire potere nella vita materiale. Ambizione e idealismo, audacia e combattività li avvicinano alle vette del potere. Sono introversi, riservati, pazienti, riflessivi, malinconici ma esteriormente appaiono calmi ed equilibrati. Nonostante incontrino ostacoli, queste loro qualità li aiutano a non demordere. Devono cercate di spingersi verso la gentilezza e il perdono.

Colore del numero 8: il Magenta.
- Aumenta l'afflusso del sangue al cervello e guarisce emicrania, pressione alta, stanchezza cronica ed esaurimento nervoso.
- Ottimo per che ha la tendenza a lavorare troppo.
- Aiuta a respirare meglio e è anche un buon diuretico.
- Utile alle persone emotivamente disturbate, che manifestano un comportamento violento o aggressivo.
- Pietre: quarzo rosa, rodocrosite, diamante, kunzite.

L'archetipo del numero 8 è il Sovrano.
Il suo Numero Ombra è il Tiranno.
Il Tiranno rappresenta il lato ombra del Sovrano.
- La sfida è lasciare andare il controllo.

Il fulcro di questa sfida per questo archetipo è basato sulla necessità di assumersi la responsabilità della propria vita con la giusta misura di sensibilità ed emotività.

Il condizionamento ricevuto dalla famiglia d'origine, troppo orientata verso il lato materiale della vita, può essere la causa della tendenza a voler esercitare un eccessivo controllo sugli eventi e sulle persone.

Il Tiranno ha tutte le qualità del'8, ma portate all'eccesso per cui, con manifestazioni di eccessiva autorità ed esibendo un'apparente sicurezza in se stesso, nasconde invece una scarsa autostima.

Un'altra sua caratteristica è l'eccessiva razionalità e autocontrollo delle emozioni che inibisce la sua sensibilità nei rapporti con gli altri.

L'8 punta tutto sull'esteriorità e l'ostentazione di ciò che possiede in beni materiali, cercando di realizzarsi per raggiungere gli alti livelli della società ma nel contempo sentendosi inadeguato nel suo intimo, per cui vive temendo l'umiliazione.

E' ciò che accade a chi avendo umili origini si è costruito un benessere con il suo impegno lottando per sollevarsi da quella condizione.

Il Numero 9

Il numero Nove include l'energia di tutti gli otto numeri precedenti: è una persona poliedrica, piena di doti, altruista, coraggiosa, intraprendente, entusiasta.
Se perde la libertà diventa anche l'esatto opposto, dato rappresenta il tutto o il niente: geni, maestri, truffatori, guru, barboni o arrivisti. Tende ad annullarsi, convive spesso con sensi di colpa.

- La persona sotto l'influenza del Nove è capace, quindi, di ogni genere di cose, anche se, il rischio di dispersione è decisamente elevato.
- Quella del numero Nove è una forma di energia carica di compassione e amore diffusa a livello globale.

Tendenzialmente incline agli opposti, questo numero può influenzare sia negativamente che positivamente l'individuo, portandolo a vedere o tutto bianco o tutto nero, incontrando a volte difficoltà a raggiungere un equilibrio stabile.
Consapevoli del fatto che la loro vita è solo un piccolo tassello di un mosaico molto più grande, hanno una natura composita e variegata che le conduce spesso a vivere una vita di alti e bassi.

- Possono passare, quindi, dall'euforia all'avvilimento, dalla serenità allo sconcerto, da una forte umanità a un quasi totale disinteresse per il prossimo.

In ogni caso, questa altalena si manifesta soprattutto durante i primi anni di vita quando la persona del Nove non ha ancora la consapevolezza di quale sia la sua strada e la sua natura.
Ha successo come ecclesiastico, operatore umanitario, filosofo, artista, artigiano, leader mondiale, capo di una comunità, attore, guaritore.

Affinità con altri numeri:
- Discreta: 3 e 8.
- Ottima: 4, 7 e 9.

Possiamo associare a ogni numero un pianeta, un segno zodiacale e un elemento fondamentale della vita sulla Terra. Per il numero 9 abbiamo:
- Segno Sagittario
- Pianeta Giove
- Elemento Fuoco.

Le persone numero nove sono coraggiose, laboriose, colme di entusiasmo e determinazione: hanno spesso una vita appassionante, sono facilmente dediti alle arti teatrali e dello spettacolo, così come alla scrittura a causa del loro bisogno di mettersi in luce ed "espandersi".
Sono molto percettivi e aperti nell'ambito della filosofia, dei progetti umanitari, degli ideali a difesa delle grandi cause.
Sostengono la necessità dell'amore universale e della condivisione.
- La lezione da imparare è la pazienza.

Colore del numero 9: l'Arcobaleno.
- Essendo un naturale catalizzatore, possiede tutti gli effetti benefici degli altri numeri.
- Favorisce la meditazione, il rilassamento, aiuta a dormire serenamente.
- Utile per chi vuole ricordare i sogni.
- Pietre: opale, labradorite.

L'archetipo del numero 9 è il Liberatore.
Il suo Numero Ombra è l'Angelo caduto.

L'Angelo caduto rappresenta il lato ombra del Liberatore.
- La sfida per quest'ombra è improntata sulla necessità di difendere il proprio spazio interiore molto vulnerabile senza estraniarsi dal sentire e senza assumere atteggiamenti che nascondano i suoi stati d'animo.

Le forti emozioni dell'angelo caduto, infatti, sono difficili da sostenere e manifestare, le sue percezioni così sottili che il manifestarle è difficile e anche condividere quelle più positive.
- Nelle situazioni critiche, infatti, utilizza la maschera dell'indifferenza esteriormente e cerca di non esprimere il suo disagio interiore e la sua ansia se non addirittura il panico.

L'origine del problema è inerente all'educazione ricevuta nell'infanzia, dove l'individuo ha imparato a "staccare l'interruttore" delle emozioni, o per emulazione, nel caso di genitori che a loro volta recitavano un ruolo, o per autodifesa, per proteggersi da un clima emotivo violento, fatto di liti e discussioni.
- Il 9 deve fare attenzione a non entrare in empatia con le persone.

La sua sensibilità, infatti, lo predispone a questo, ma così facendo rischia di assorbire anche la negatività delle situazioni appesantendo i propri stati d'animo.
Come protezione istintiva, il 9 usa l'estraniazione dal problema, diventa indifferente a ciò che accade, forse come faceva da bambino per difendersi dall'ambiente e dalle emozioni.
L'Angelo caduto, essendo un 9 il numero del compimento, cioè l'omega, si pensa sia un'anima antica e potrebbe essere alla sua ultima incarnazione in questo livello di consapevolezza per cui ha una notevole maturità animica.

Nel momento l'ombra viene integrata con la capacità di gestire i forti flussi emozionali, la meditazione può essere un ottimo ausilio e l'Angelo caduto riuscirà così a tornare a splendere e a portare amore e ispirazione a chi avrà la sensibilità per saperlo cogliere.

Il Numero 10

Dieci è la rappresentazione di Uno in una "ottava" maggiore e significa la fine di un importante ciclo dal quale scaturirà un cambio di circostanze.

- Dieci porta con sé una grande carica di significato esoterico che è reso evidente dal fatto che una gravidanza dura dieci mesi lunari, in molte versioni della Cabala ci sono dieci sephirot, il sistema numerico più utilizzato al mondo è quello decimale.

Le persone hanno dieci dita che usano per contare, portando a un'innata adozione del Dieci come base nel sistema numerico intuitivo.

- Da notare che Dieci è considerato un numero moderno di completamento perché è solo negli ultimi secoli che è stato utilizzato come blocco base di sistemi numerici, valuta e misura.

Quando Dieci sostituì Dodici come il numero supremo, portò un cambio negli schemi mentali umani rendendoli più scientifici nell'approccio a questioni di natura esoterica (i sostenitori di Dodici sono in disaccordo con quest'ultima affermazione).

Il destino indicato dal Dieci legato alla data di nascita va sempre rapportato al numero Uno e indica:

- Al positivo: vita creativa e artistica, individualità e molto orgoglio. Il soggetto sarà incline alla solitudine e a operare da solo, raggiungendo inevitabilmente il successo.
- Al negativo: chi ha questo numero per somma, dovrà cercare di vincere l'egoismo e la vanità.

Il Dieci era sacro ai Pitagorici, che amavano rappresentarlo tramite la Tetratkys (una sorta di triangolo equilatero composto da 10 punti: la base di 4, poi a salire 3, 2, 1).

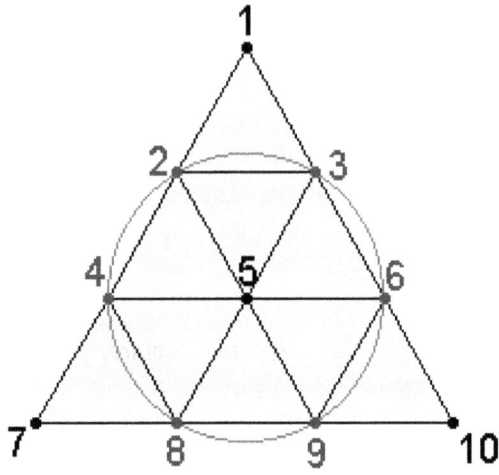

Per i Pitagorici dieci erano anche le entità celesti:
- Sole.
- Luna.
- Terra.
- I cinque pianeti visibili a occhio nudo: Mercurio, Venere, Marte, Giove e Saturno.
- Il Cielo delle stelle fisse.
- L'Antiterra, un pianeta invisibile perché in opposizione alla Terra rispetto al sole.

I numeri Dieci saranno, quindi, ambiziosi, cerebrali, ma egoisti e riusciranno nelle imprese anche se dovranno possedere grande forza di volontà per superare gli ostacoli che incontreranno sul loro cammino.

Potranno subire l'invidia degli amici e sentire la tendenza di annientare i concorrenti senza pietà: saranno senz'altro dei solitari e potranno addirittura diventare dei capi di stato illuminati, ma anche dei despoti e dei tiranni.
Il numero Dieci simboleggia la perfezione, come anche l'annullamento di tutte le cose.
- $10 = 1 + 0 = 1$ illustra l'eterno ricominciare.

Il Dieci è il totale dei primi quattro numeri e, perciò, contiene la globalità dei principi universali: corrisponde, come già detto, alla Tetraktys pitagorica, che insieme al sette lo considerava il numero più importante, in quanto è formato dalla somma delle prime quattro cifre (1+2+3+4=10), esprime la totalità, il compimento, la realizzazione finale.
La figura costituisce una disposizione geometrica che esprime un numero o, se si vuole, un numero espresso attraverso una disposizione geometrica.
- Il concetto che essa presuppone è quello dell'ordine misurabile.

Esotericamente, il vertice del triangolo, il punto più in alto, è il Logos; il triangolo completo è la Tetrade o Triangolo nel Quadrato, che è il doppio simbolo del Tetragrammaton di quattro lettere nel Cosmo manifesto, e del suo triplo raggio radicale (il suo Noumeno) nell'immanifesto.
Pitagora, com'è noto, associava il punto all'1, la linea al 2, la superficie al 3, il solido al 4: questi valori sono facilmente riscontrabili osservando la figura dall'alto verso il basso.
I lati che chiudono i punti della Tetrade rappresentano le barriere della materia, o Sostanza noumenica, e separano il triangolo dal mondo del pensiero.
Per Pitagora:
- Il Triangolo era la prima concezione della Divinità manifestata, la sua immagine, Padre-Madre-Figlio.

- Il Quaternario, invece, era il numero perfetto, la radice ideale, noumenica, di tutti i numeri e di tutte le cose sul piano fisico.

Il numero Dieci è divino poiché perfetto, in quanto riunisce in una nuova unità tutti i principi espressi nei numeri dall'uno al nove.

Per questo motivo il numero Dieci è anche denominato Cielo, a indicare sia la perfezione sia il dissolvimento di tutte le cose, per il fatto che contiene tutte le possibili relazioni numeriche.

Il Numero 12

Dodici è il numero Tre in una ottava maggiore e indica un gran livello di comprensione e saggezza.
La maggior parte della sua esperienza deriva dall'esperienza di vita, che permette a un senso di calma di prevalere anche nelle situazioni più turbolente.

- Viene considerato il più sacro tra i numeri, insieme al tre e al sette.

Il dodici è in stretta relazione con il tre, poiché la sua riduzione equivale a questo numero (12 = 1 + 2 = 3) e poiché è dato dalla moltiplicazione di 3 per 4.
Dodici era molto significativo nella vita umana antica per il fatto delle dodici tribù di Israele, dei dodici discepoli che seguivano Gesù, dei dodici segni zodiacali e delle dodici ore in cui è diviso un orologio.

- Il Dodici possiede un significato esoterico molto marcato in quanto è associato alle prove fisiche e mistiche che deve compire l'iniziato.

Superate le prove, induce a una trasformazione, in quanto il passaggio si compie su prove difficili, le uniche che portano a una vera crescita: in molte culture i riti iniziatici si compiono all'età di Dodici anni, dopo di che si entra in un'età adulta.
In più sistemi numerici e di misura antichi erano basati su Dodici, ne sono esempio la dozzina, lo scellino (12 pence) il piede (che misura 12 pollici).
È un numero sublime: in matematica, un numero sublime è un numero intero positivo che ha un numero perfetto di divisori positivi (incluso se stesso), e i cui divisori positivi si possono sommare fino a ottenere un altro numero perfetto.

- Il numero 12 è un numero sublime in quanto ha un numero perfetto di divisori positivi (6): 1, 2, 3, 4, 6, e 12, e la somma di questi dà ancora un numero perfetto: $1 + 2 + 3 + 4 + 6 + 12 = 28$.

Questo numero ha senza dubbio una grande importanza nei testi delle Sacre Scritture e anche per Israele.
Il dodici contiene un grande valore simbolico, non solo perché sottende una sua origine spazio-temporale, probabilmente derivata da altre culture come quella babilonese (in cui, ad esempio, il numero rappresentava l'universo nella sua complessità interna: il duodenario che caratterizza l'anno, e lo zodiaco; il dodici indica la pienezza dell'anno, composto di dodici mesi), ma anche e soprattutto perché rappresenta il numero dell'elezione, quello del popolo di Dio.

- I dodici figli d'Israele-Giacobbe sono gli antenati eponimi delle dodici tribù d'Israele.
- Inoltre, nel libro dei Numeri, si legge che furono presentate le offerte per la dedicazione all'altare, a partire dal giorno in cui esso fu unto (cioè consacrato): ogni giorno che seguì, fino al dodicesimo, fu presentata un'offerta da parte di un rappresentante di ciascuna delle tribù d'Israele.

Nel libro primo delle Cronache vengono presentate le classi sacerdotali, dove si elencano 24 sacerdoti che devono prestare il loro servizio: tale numero che si spiega in riferimento a un calendario di tipo lunare, poi non sarà lo stesso in altre epoche.
In effetti, i multipli del dodici non avranno grande rilevanza come, invece, nel Nuovo Testamento: piuttosto, rivestirà maggiore attenzione il numero sette (la settimana) con i suoi multipli.
Il dodici, e non i suoi multipli, rimane fondamentale anche in senso escatologico: in modo prospettico, Ezechiele immagina

nella nuova Gerusalemme una grande cinta muraria con dodici porte, lo stesso numero, quindi, delle tribù d'Israele, adesso disperse a causa dell'esilio e della distruzione del tempio per mano dei babilonesi.
- Ogni porta avrà, infatti, il nome di ognuna delle tribù d'Israele.

Non è un caso che Ezechiele dica che la città di Gerusalemme, così come l'ha vista in visione, che sarà, dunque, destinata a tutte le tribù disperse, si chiamerà "Là è il Signore", cioè, è là, all'interno di quelle mura e attraverso quelle dodici porte, che i figli d'Israele dovranno riunirsi.

Proprio perché il numero dodici è quello dell'elezione d'Israele, che appunto si compone di dodici tribù, le prime comunità cristiane hanno preso lo stesso numero per indicare l'elezione degli apostoli da parte di Gesù, e i suoi multipli per mostrarne la sua dinamicità in rapporto all'umanità intera.

Il Numero 17

Il diciassette è considerato il numero del Tempio e dei Cavalieri Templari assumendo così un forte significato sia iniziatico che esoterico.
Scindendo il numero 17 in 1 e 7 (17=1+7) avremo per il numero 1 il significato di Essere Unico o Cosa Unica che viene posta in relazione con la Potenza Suprema, il Polo Radiante e il Centro mistico.
Il 7 invece, è il numero della Conoscenza e della Sapienza: simboleggia, quindi, la profonda saggezza e la ricerca della verità ma anche introspezione e meditazione.

- Secondo la Kabbalah ebraica, il 17 ottobre dell'anno 3761 a.C. avvenne la creazione dell'Universo e la somma dei numeri che compongono l'anno (3+7+6+1) da il numero 17.

Altre corrispondenze per il numero 17 le possiamo trovare nel Vangelo di Giovanni nei versi che citano la pesca miracolosa: "Simon Pietro, sali sulla barca e porta a terra la rete piena di 153 grossi pesci".
Il numero 153 è dato dalla somma di tutti i numeri interi da 1 a 17.

- I nomi degli angeli che si possono invocare sono 17 come il numero dei demoni evocabili.

La stella a 8 punte posta sul capo della Vergine Maria ha 16 lati più 1 centro che sommati fa 17.

- Secondo un'antica credenza popolare, il 17 simboleggia anche l'arrivo di eventi funesti.

Ma com'è nata questa superstizione che ha portato questo numero a essere considerato portatore di sfortuna?
L'ipotesi forse più rispondente alla realtà si può far risalire al tempo dell'antica Roma: se, infatti, consideriamo il diciassette scritto in numero romano VXII, anagrammandolo abbiamo questo risultato: VIXI che il latino significa "vissi" quindi "sono morto".

Il Numero 18

Il Diciotto è un numero composto e ha come divisori i numeri 1, 2, 3, 6 e 9: è un numero piramidale pentagonale considerato nefasto al tempo dell'antica Roma.

- Al ricorrere del 18 di ogni mese, infatti, nessuna azione, sia pubblica sia privata, era possibile compiere a meno che non fosse strettamente necessaria.

In epoche più recenti il numero il Diciotto, nella Francia rivoluzionaria, rappresentava una data molto importante: il 18 Brumaio, infatti, segnò il passaggio dal Direttorio al Consolato.

Il numero 18, anche se non sembra, è molto ricorrente ed è stato usato per indicare diverse quantità.

Nel calendario Maya un anno era composto da diciotto mesi ognuno dei quali aveva una durata di 20 giorni con un resto di 5 giorni.

I Druidi utilizzavano l'alfabeto degli alberi, denominato Ogham, per riti divinatori: questo alfabeto si componeva di diciotto lettere (5 vocali e e 13 consonanti); ciascuna di queste lettere prendeva il nome dell'albero del quale è l'iniziale.

Le anime dei Giusti, citate nella Bibbia, giungono su diciotto colonne profumate mentre la letteratura buddhista menziona le diciotto condizioni di Buddha.

Restando in ambito buddhista, sono diciotto i capitoli del Bhagavad-Gita mentre i Bonzi, durante le loro preghiere, usano un rosario composto da 18 grani.

- Il numero Diciotto, essenzialmente femminile, rappresenta il carattere ricettivo, creativo e intuitivo dell'individuo.

La riduzione del Diciotto è il nove (18 = 1 + 8 = 9), con il quale condivide un'energia simile, essendo un numero femminile rappresenta la donna, nel senso di madre che genera una nuova vita. Infine, è uguale alla somma delle cifre del suo cubo:

$18^3 = 5.832 = 5 + 8 + 3 + 2 = 18$

Il Numero 21

Il Ventuno è indubbiamente un numero che negli ultimi tempi ricorre spessissimo a causa dell'ormai famosa profezia Maya che vedeva nel 21/12/2012 la fine de mondo o un nuovo inizio.
Generalmente, il significato di questo numero è la fortuna, la stabilità economica, il successo nella vita e una maggiore soddisfazione ed elevazione personale.
Un significato simile possiamo riscontrarlo nei tarocchi come, ad esempio, il successo, poi la sicurezza e il "lieto fine".

- Nella numerologia (21 = 7 x 3) rappresenta la terna del cammino umano il quale si conclude appunto con il numero 21 e il suo simbolo è la spirale.
- In ambito religioso, essendo il prodotto di due numeri sacri, il 7 e il 3, viene considerato il numero della perfezione.

È la ventunesima lettera dell'alfabeto ebraico, la "shin", il cui valore numerico è 300, ed esprime il potere divino e nello stesso tempo la corruzione.

- Il significato cabalistico del numero 21 è: "L'amicizia sincera da un lato aiuta a sopravvivere, dall'altro difende da tutti i nemici".

Viene abbinato a una serie di figure come, ad esempio, la donna, la fattoria, il barbiere, l'età, il naso, il panico, l'epidemia, il rapimento, la carezza.

- È il numero della fedeltà, della fiducia e della lealtà: del coraggio, delle amicizie vere, delle leggi e dei diritti civili.

A questo numero sono collegate anche le azioni coraggiose: la difesa dei più deboli, e il mantenimento delle promesse.

È anche il numero dei libri, dei codici, delle tasse, dei testamenti, del padrino, del tutore e delle leggi del branco.

- Alcune curiosità legate a questo numero sono: gli animali abbinati a esso come l'aquila, il lupo, il leone.

È l'ottavo numero della serie di Fibonacci ed è il numero di volte che viene intonato il Mantra Om durante l'Aumkara, un'antica pratica induista.

www.ingramcontent.com/pod-product-compliance
Lightning Source LLC
Chambersburg PA
CBHW061647040426
42446CB00010B/1628